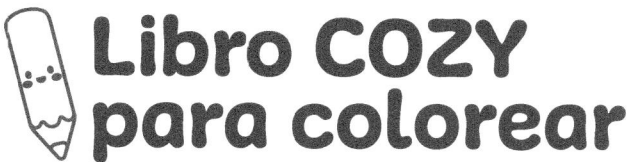

Libro COZY para colorear

HOGARES ACOGEDORES

Adorables ambientes hogareños para horas de diversión coloreando

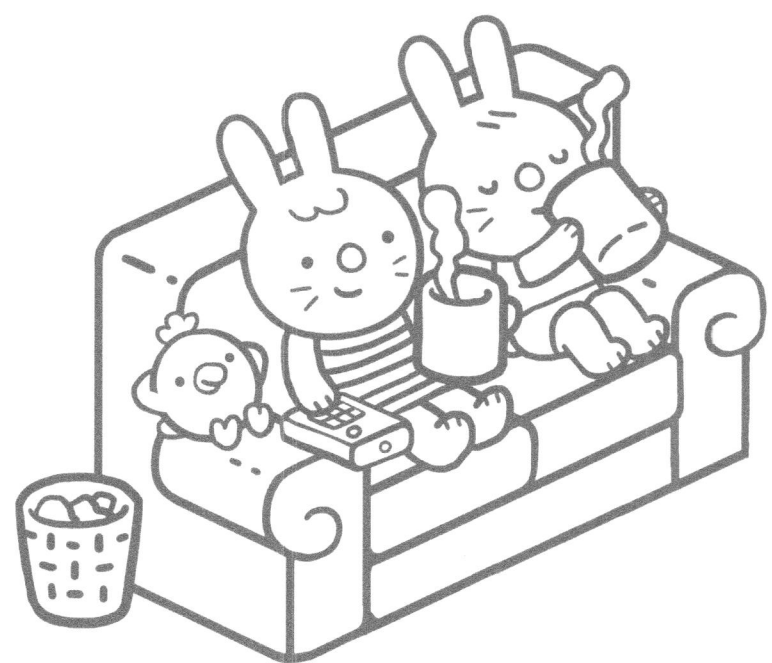

ILUSTRACIONES DE
STEVE JAMES

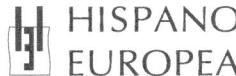

HISPANO EUROPEA

Título de la edición original: Colouring Corner Cosy Homes

Copyright © Arcturus Holdings Limited
26/27 Bickels Yard, 151–153 Bermondsey Street,
London SE1 3HA

© de la edición en castellano, 2026:
Editorial Hispano Europea, S. A.
E-mail: hispanoeuropea@hispanoeuropea.com

Ilustraciones de: Steve James

Depósito Legal: B 6563-2026
ISBN: 978-84-255-2162-1

Consulte nuestra web:
www.hispanoeuropea.com

Impreso en España

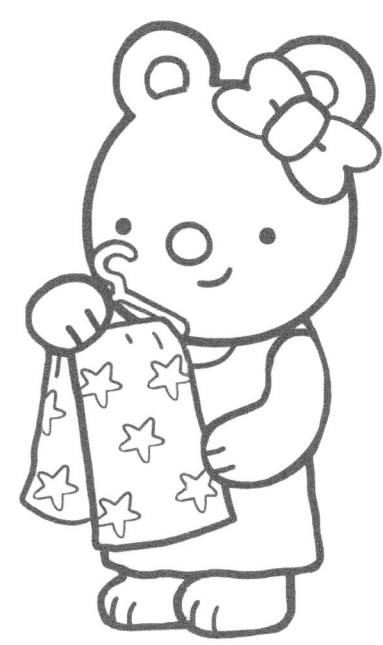

INTRODUCCIÓN

Entra en los hogares más monos y adorables. Sus entrañables habitantes disfrutan al máximo de su entorno y de su tiempo, ya sea decorando un rincón, relajándose frente al televisor, preparando la cena o tomando una ducha. Los encontrarás trabajando en la oficina en casa, haciendo la colada, enviando mensajes a amigos, jugando a videojuegos o simplemente jugando con sus juguetes. O quizás siendo creativos a su manera, ya sea con música o costura, o simplemente disfrutando de un rato de descanso en el cobertizo.

    Puedes usar lápices o rotuladores para colorear. Mejora tus dibujos con tus propias técnicas y efectos especiales para darles más dimensión, y comparte tus obras de arte con otras personas que compartan tu pasión.

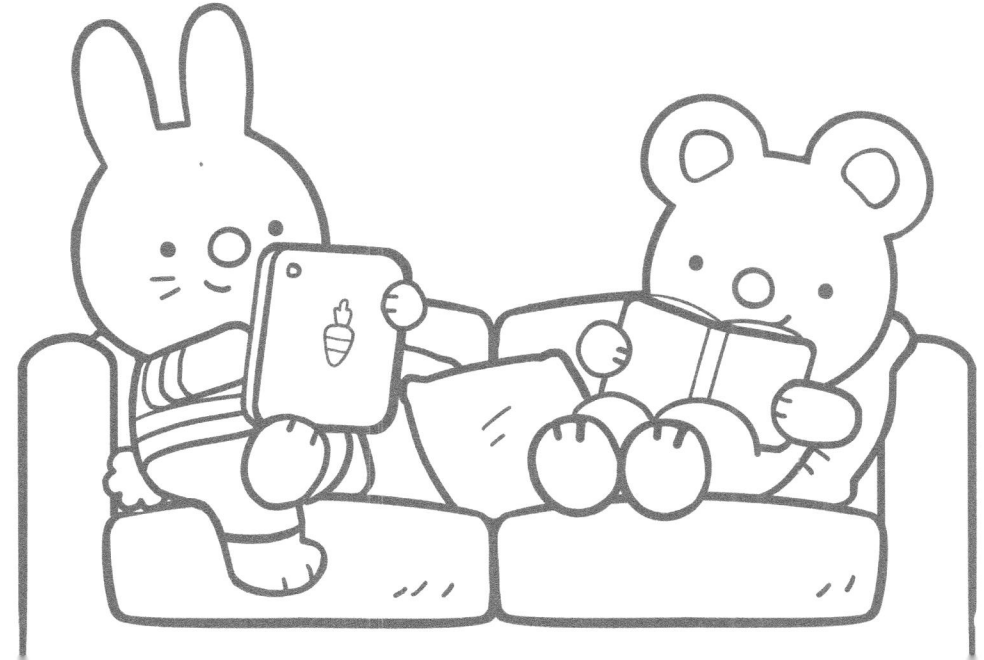

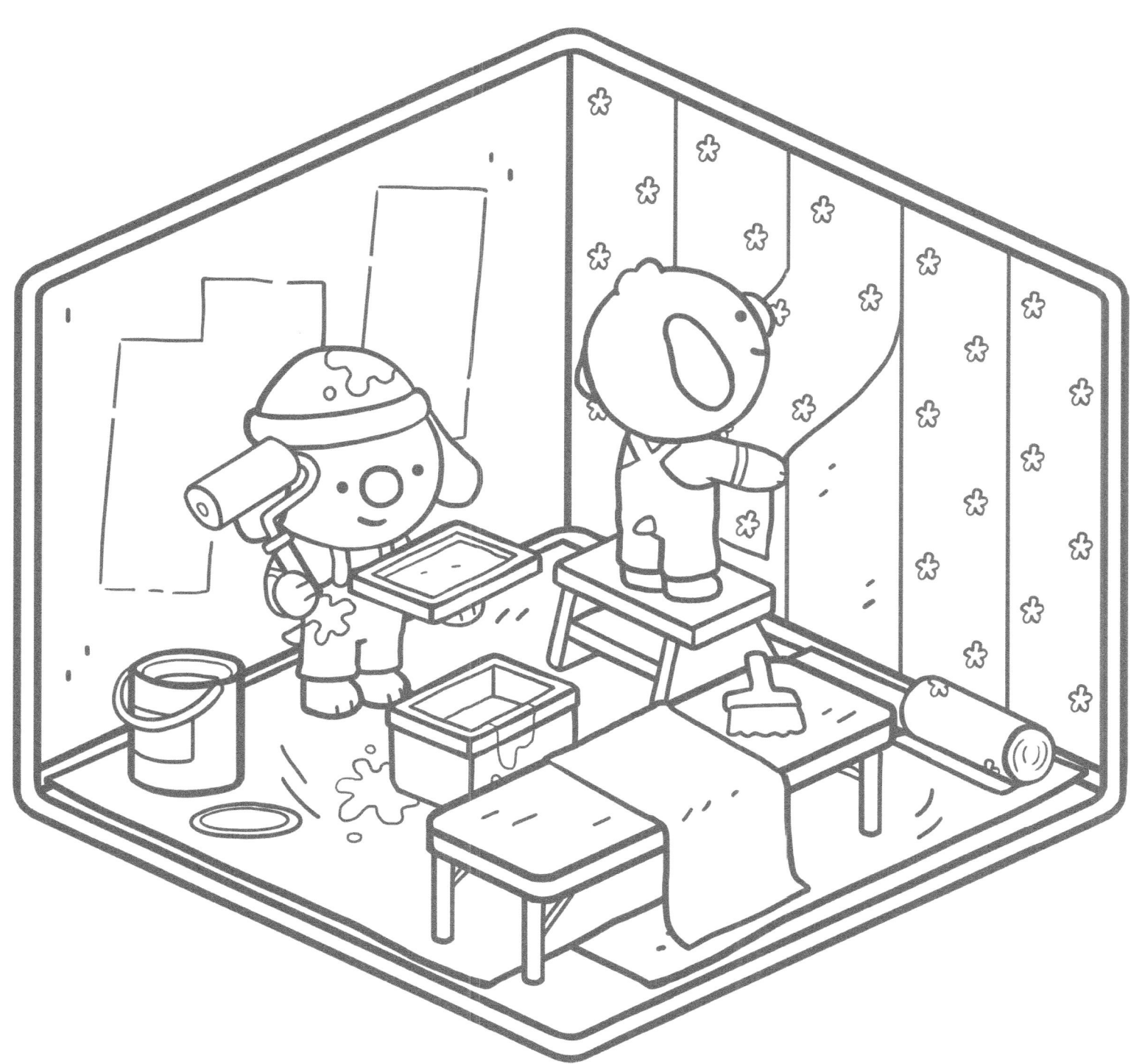

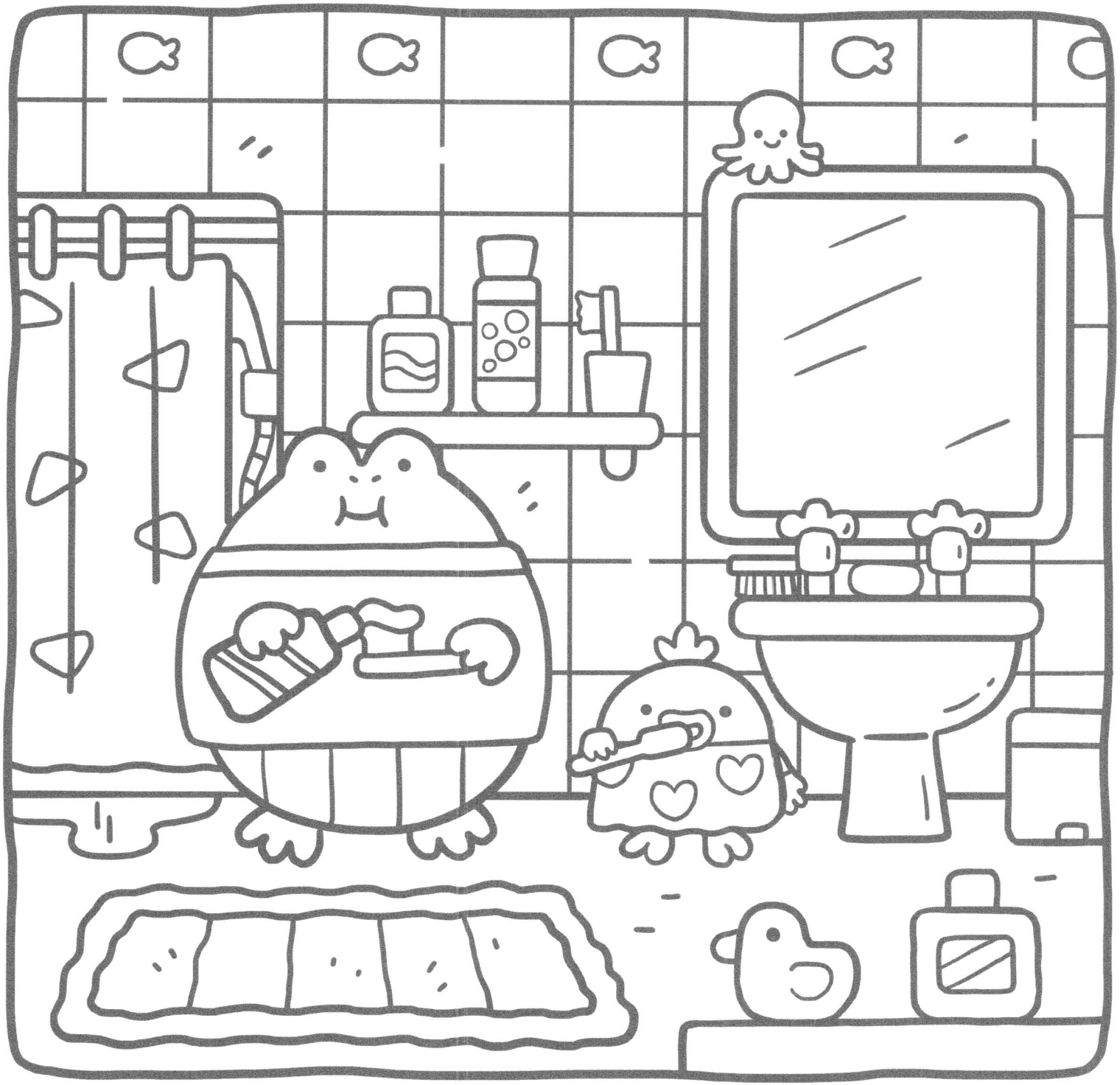

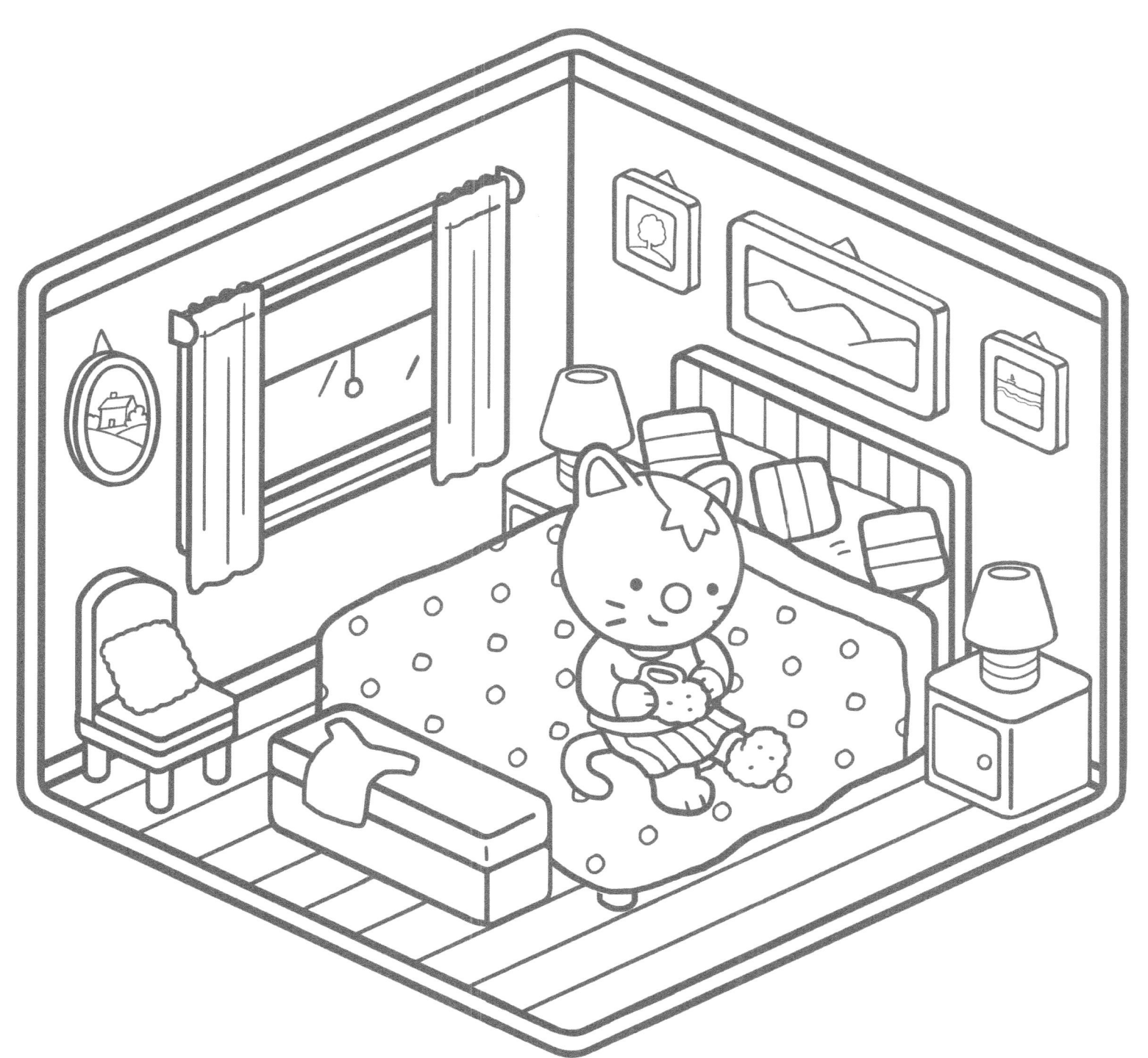

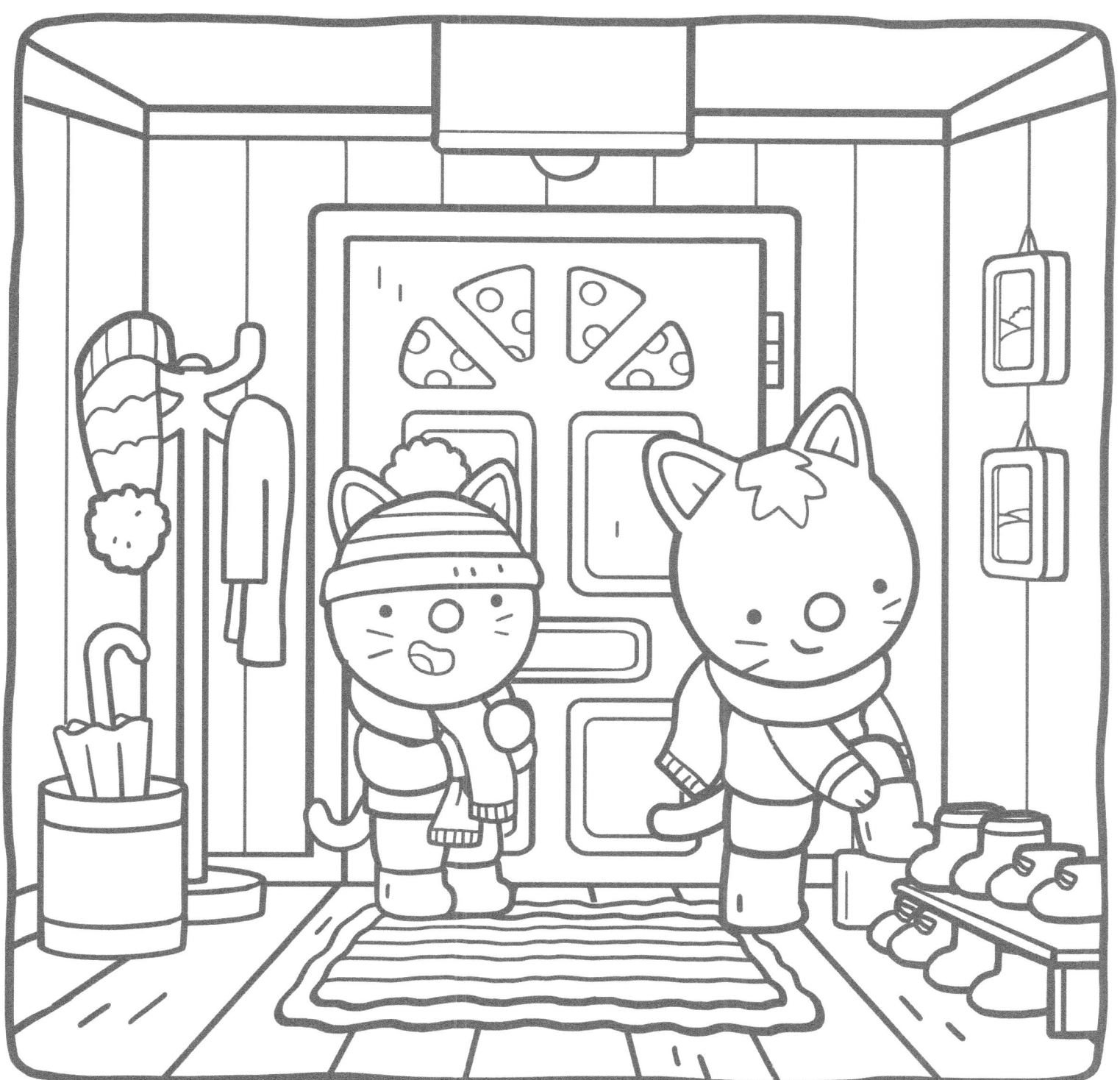

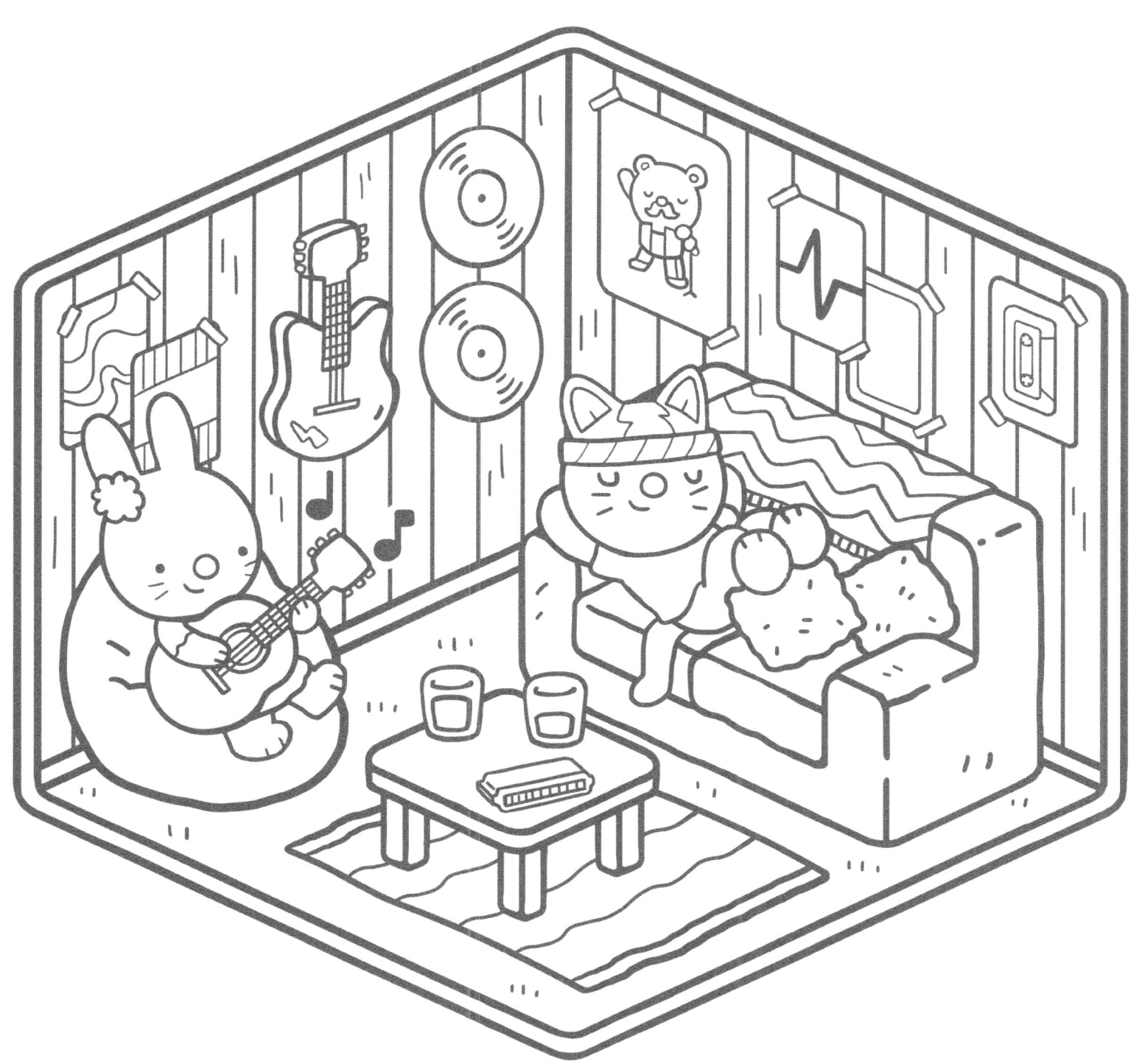

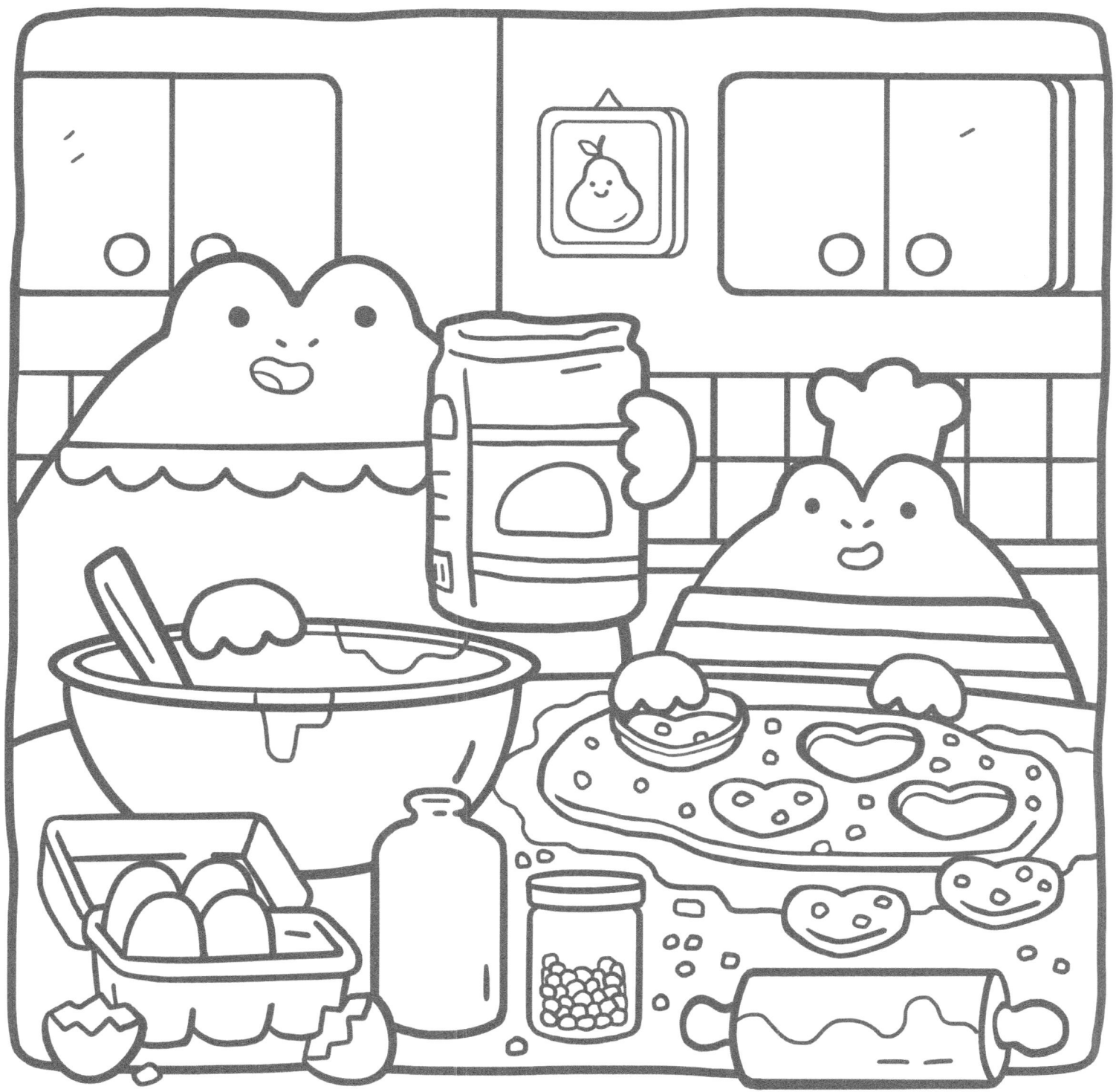

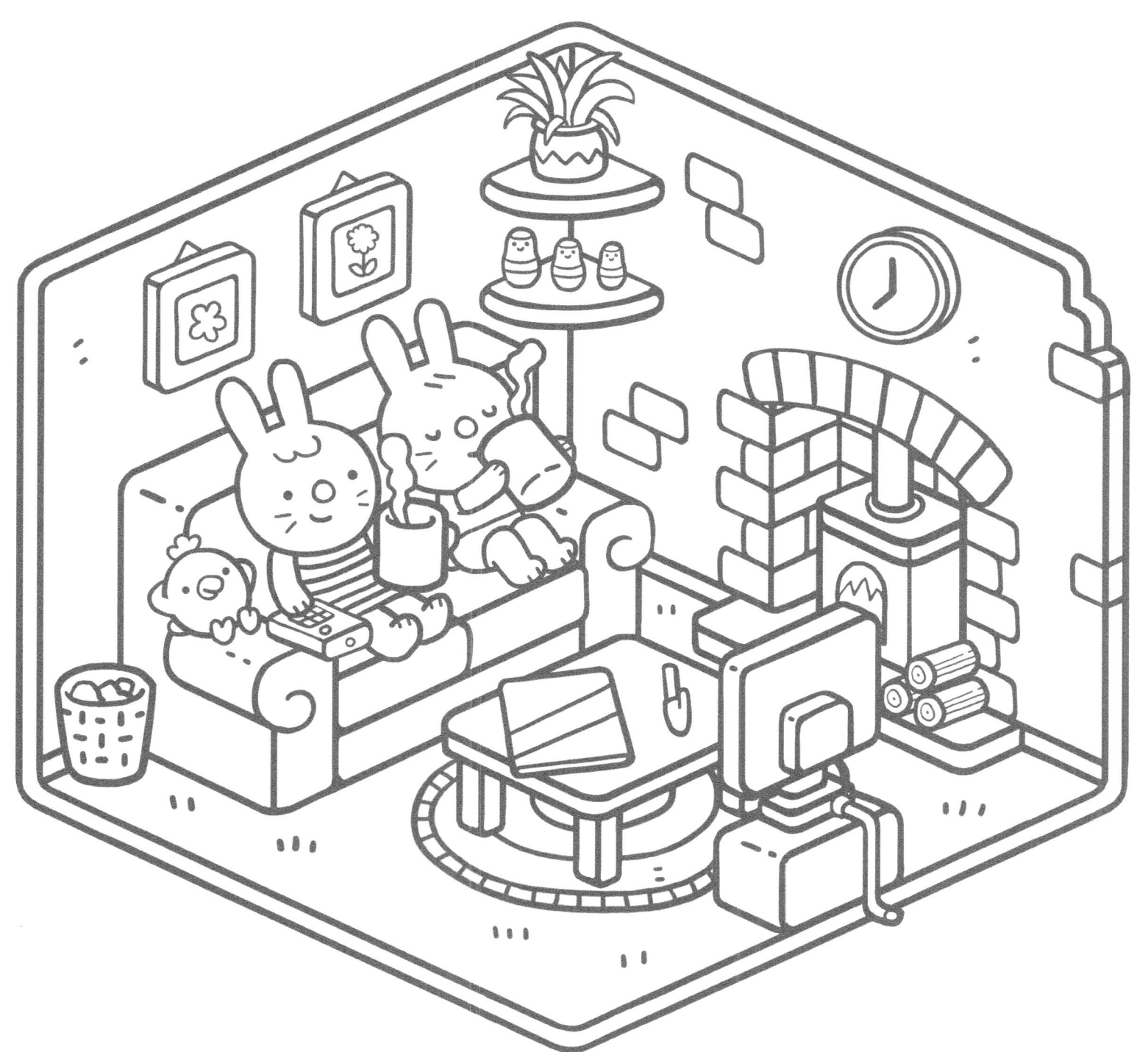

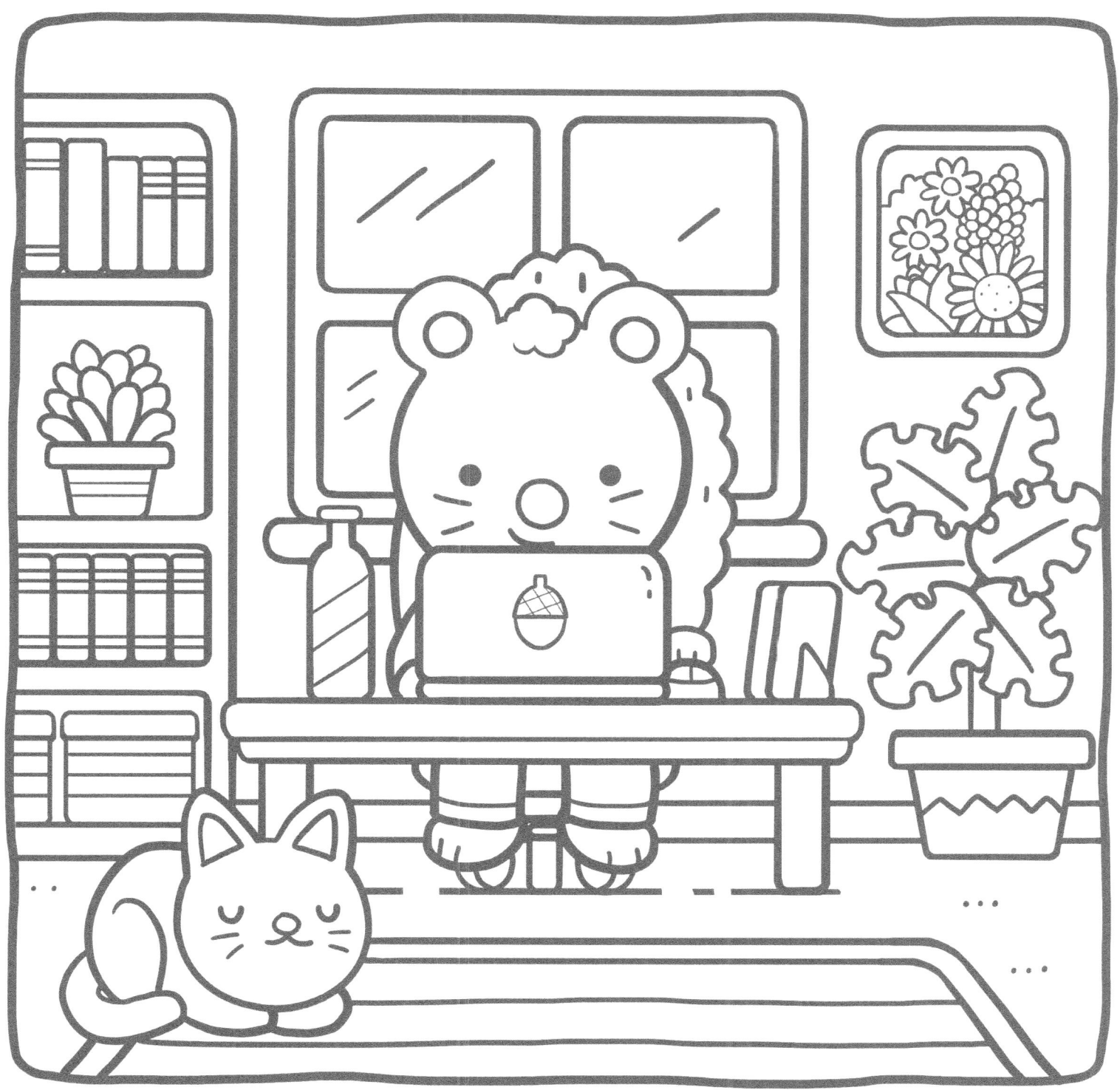

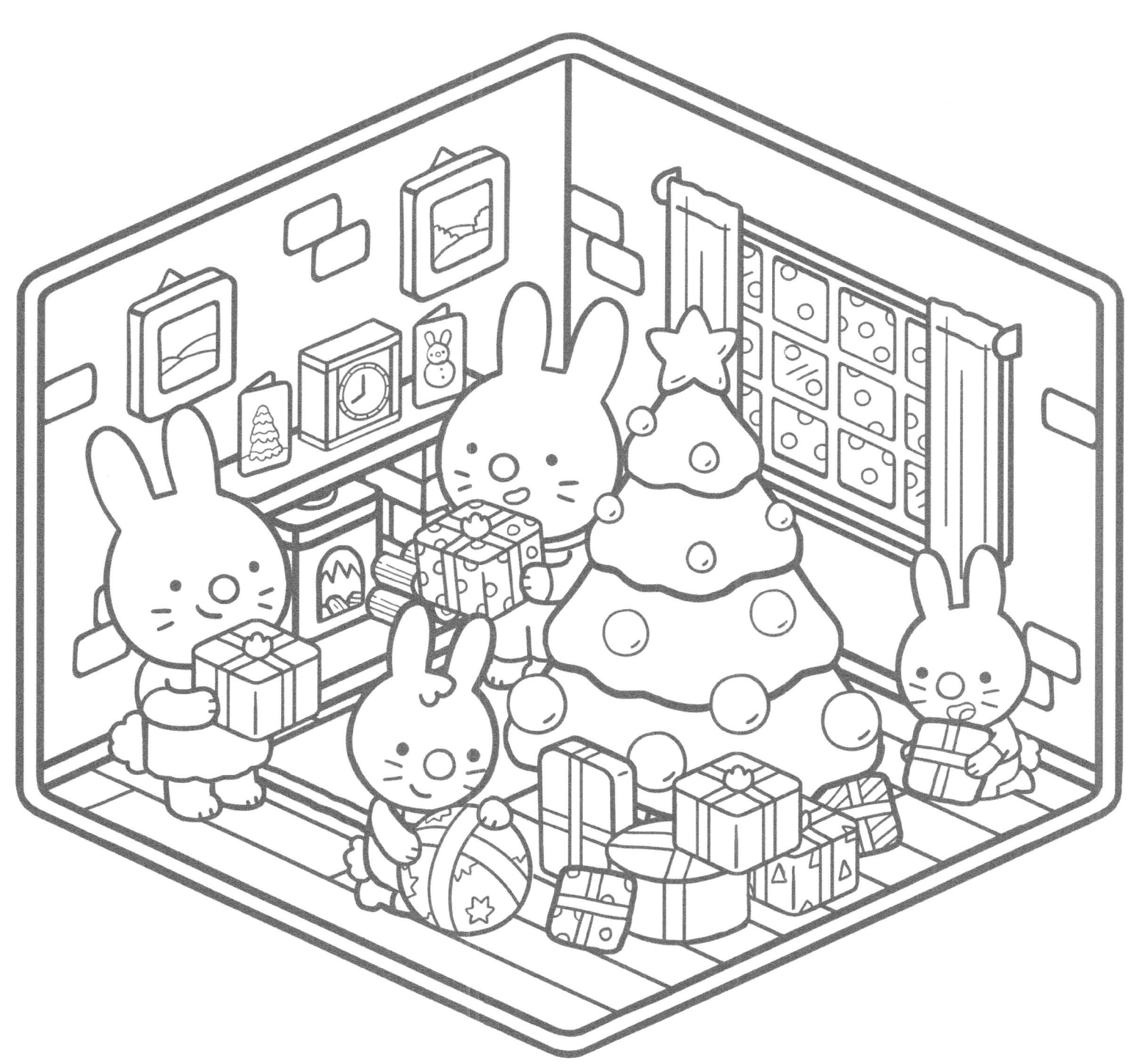

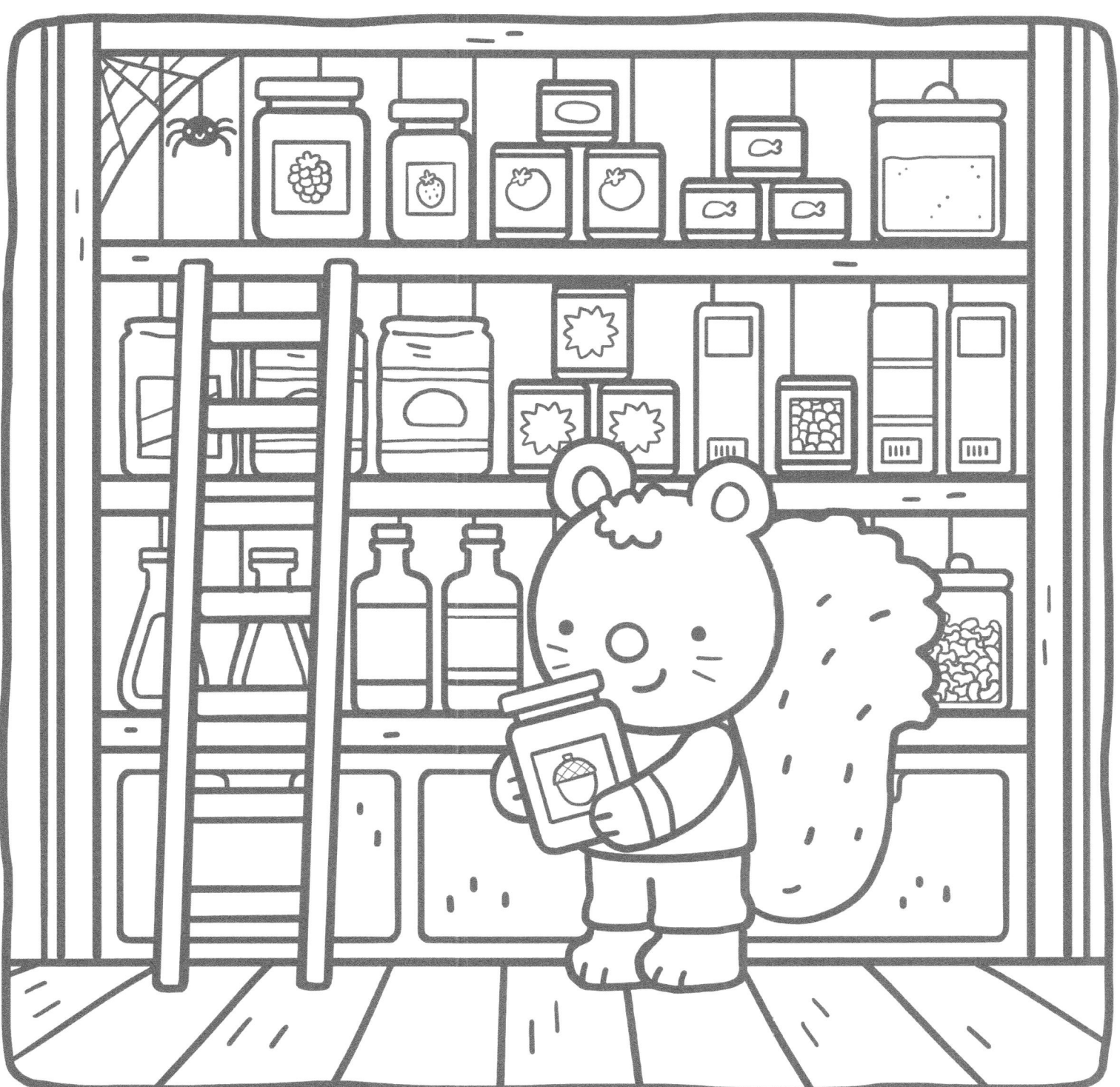

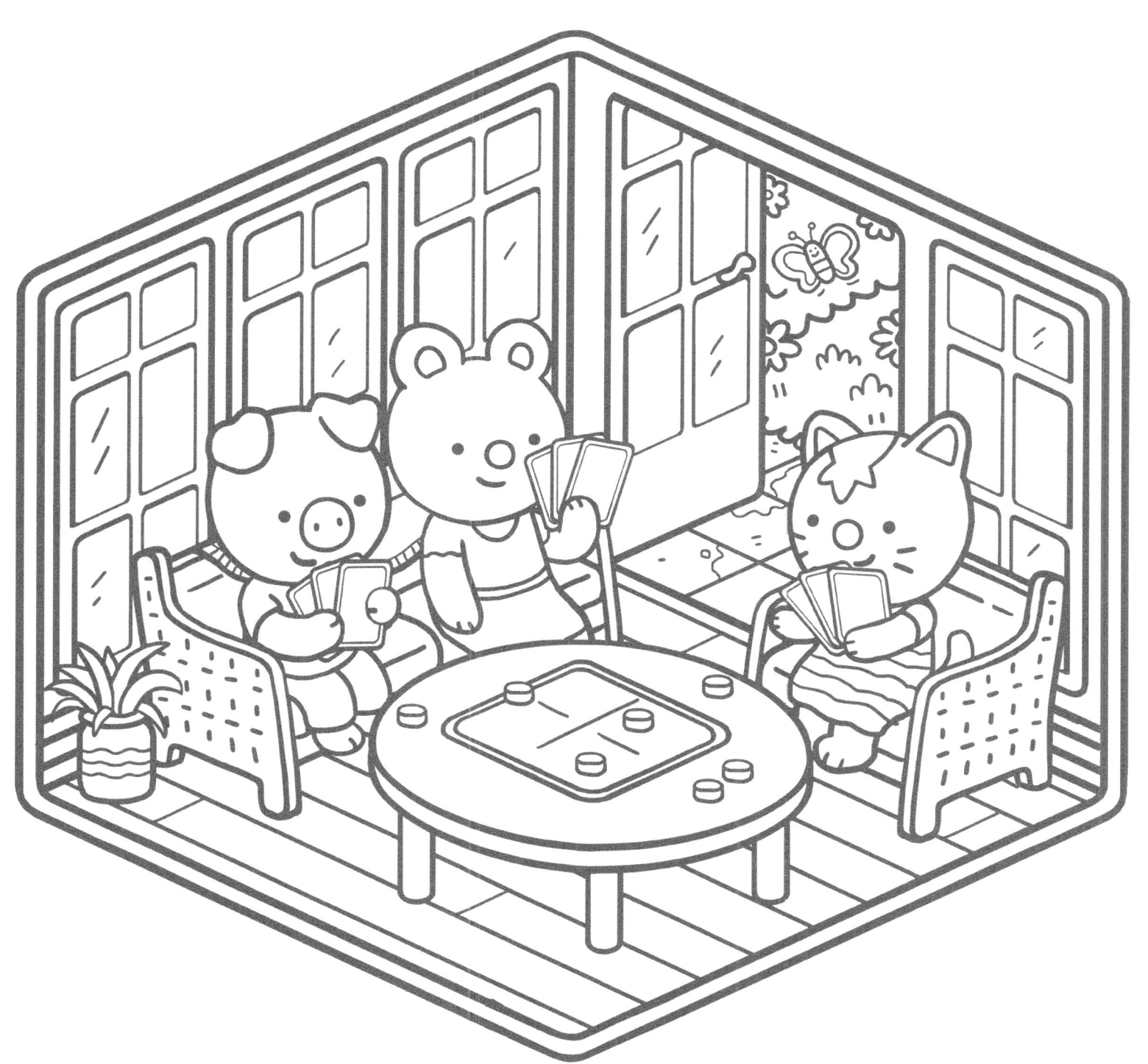

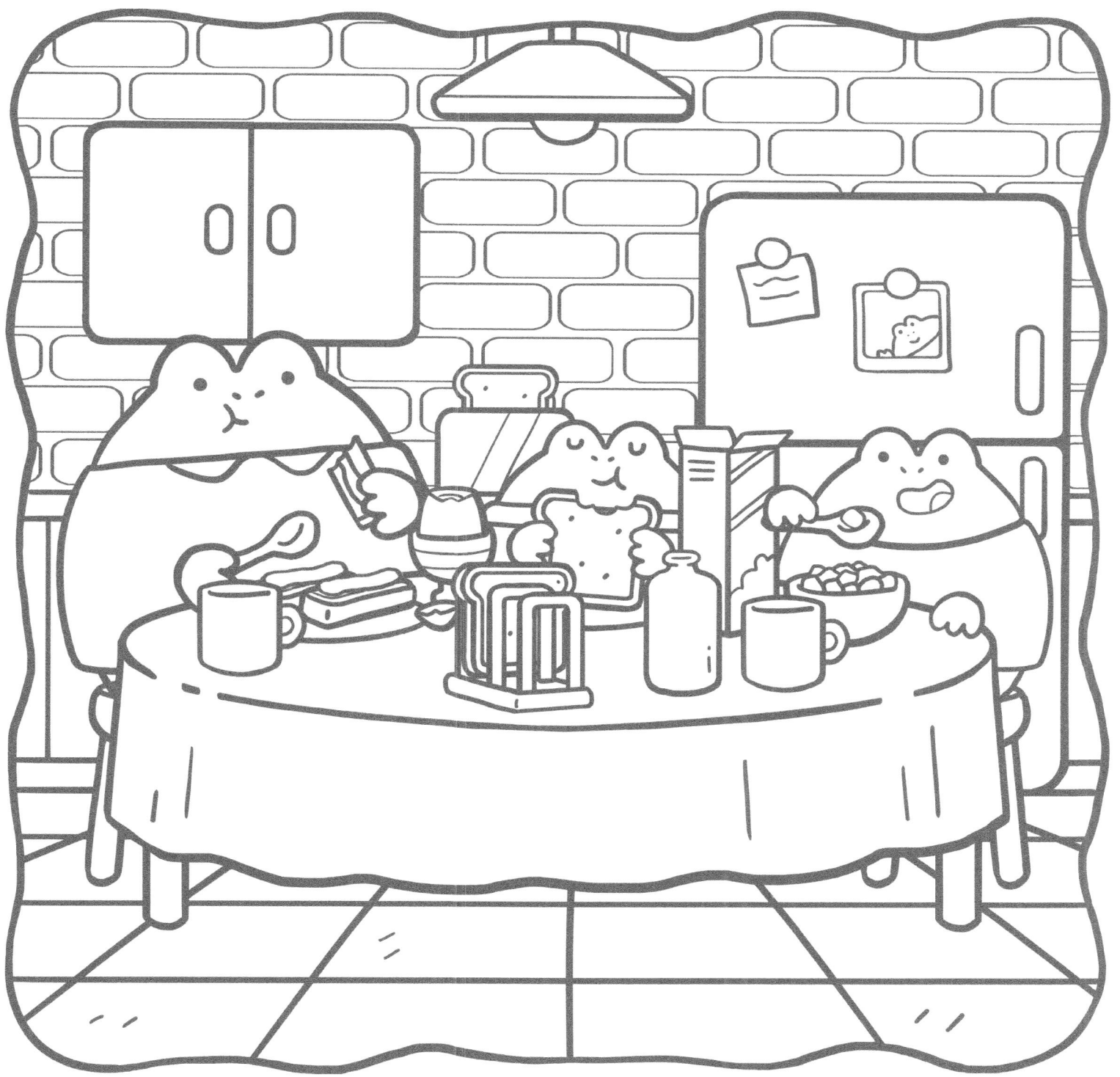

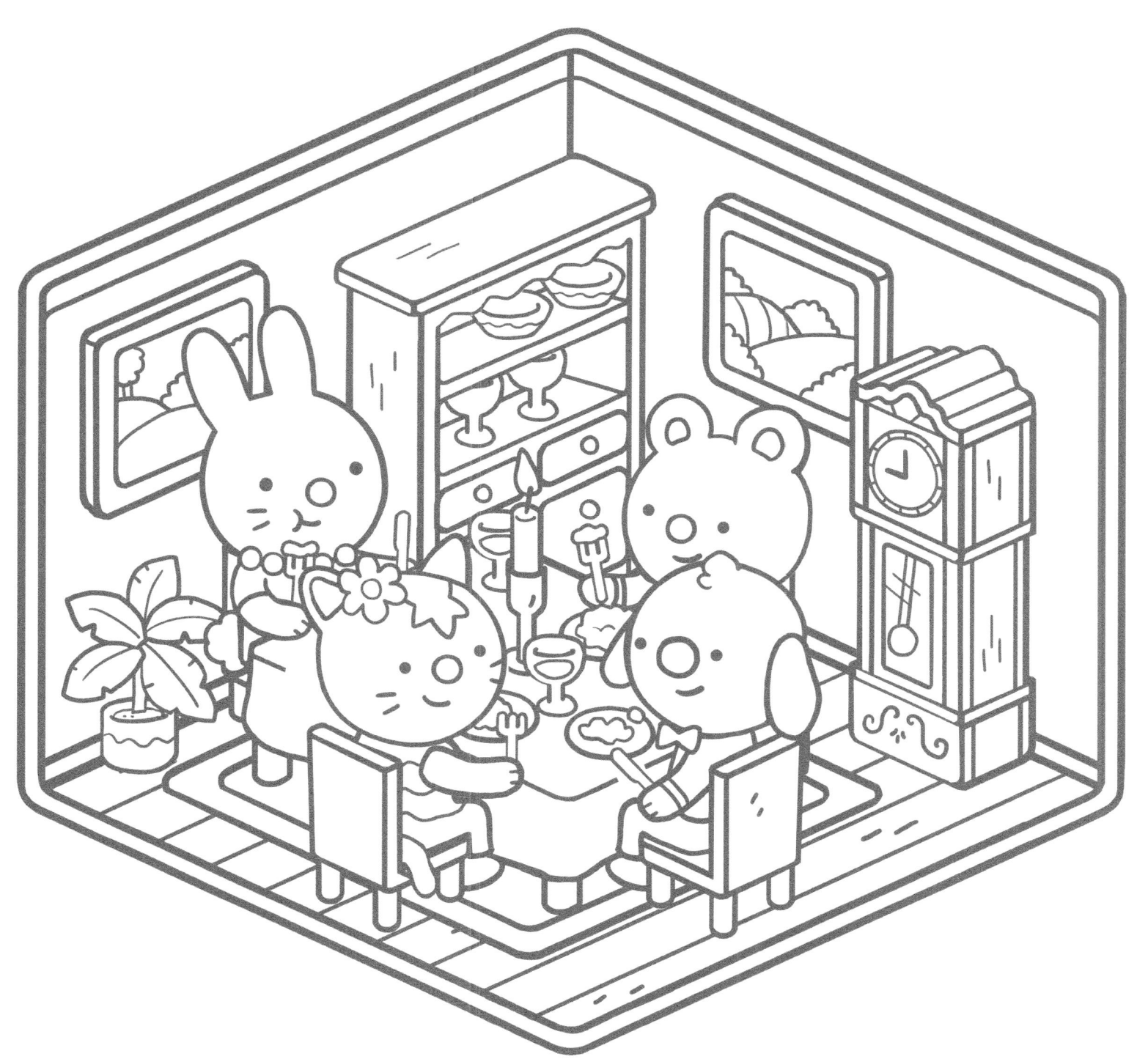

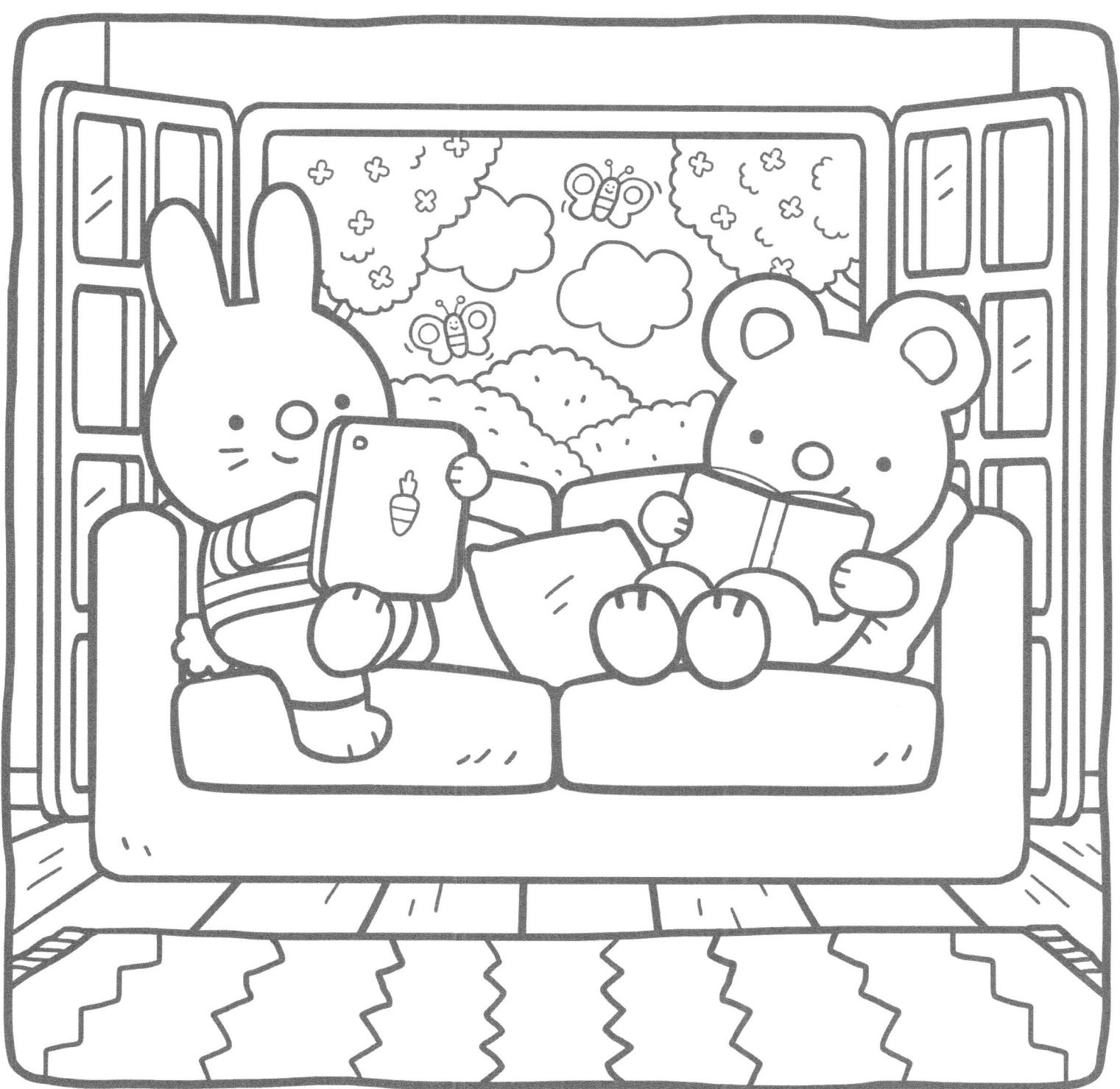

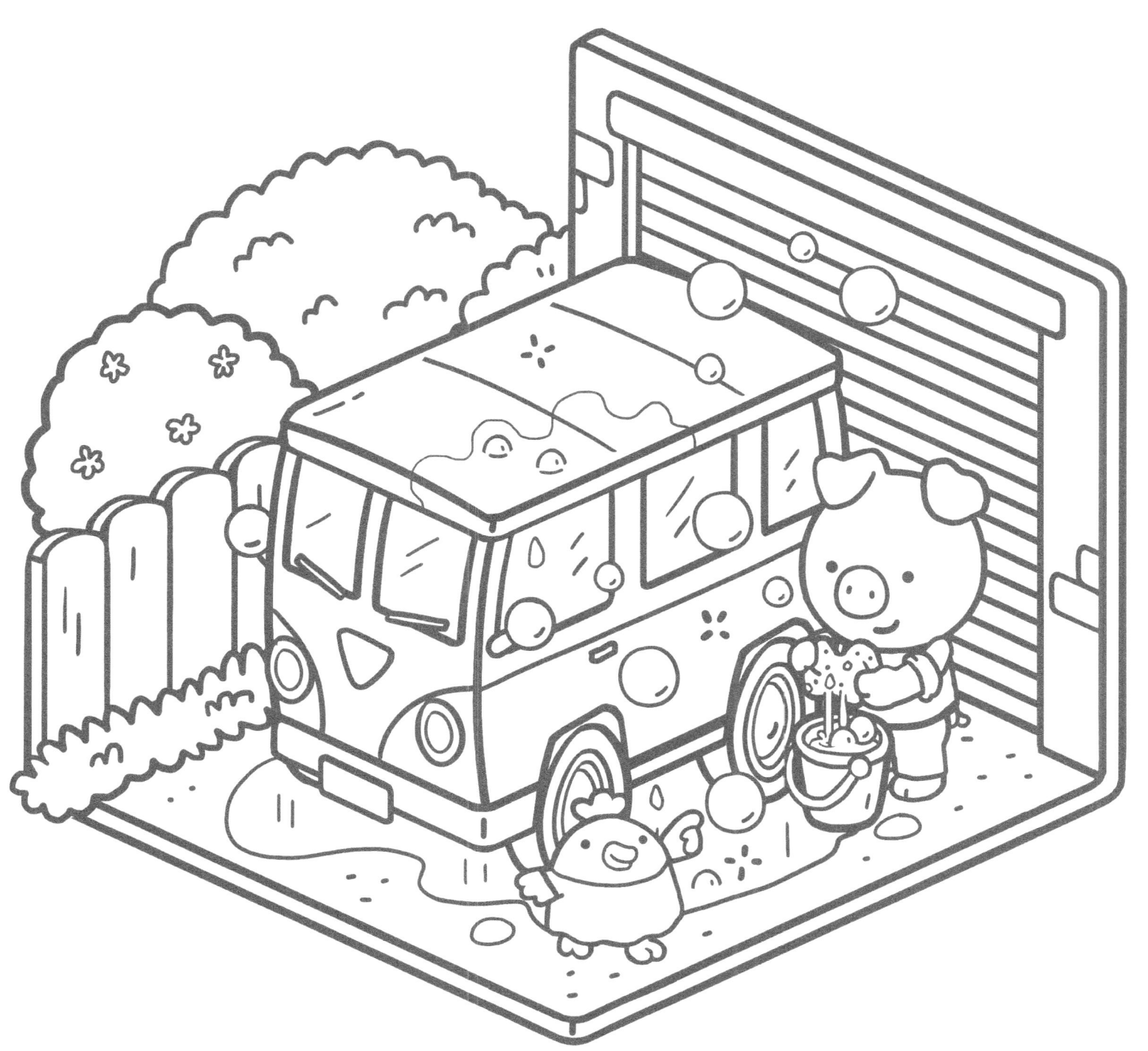

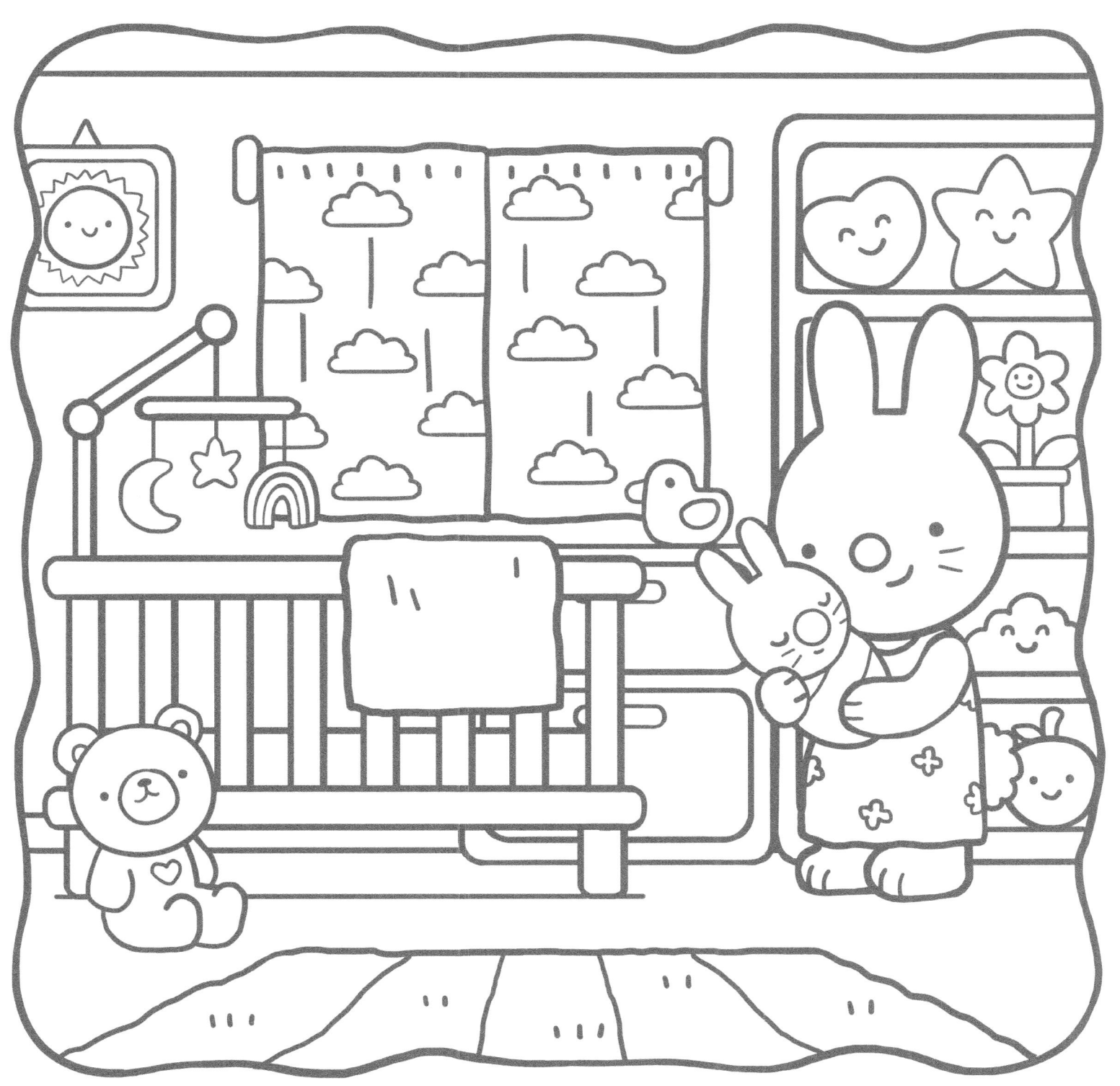

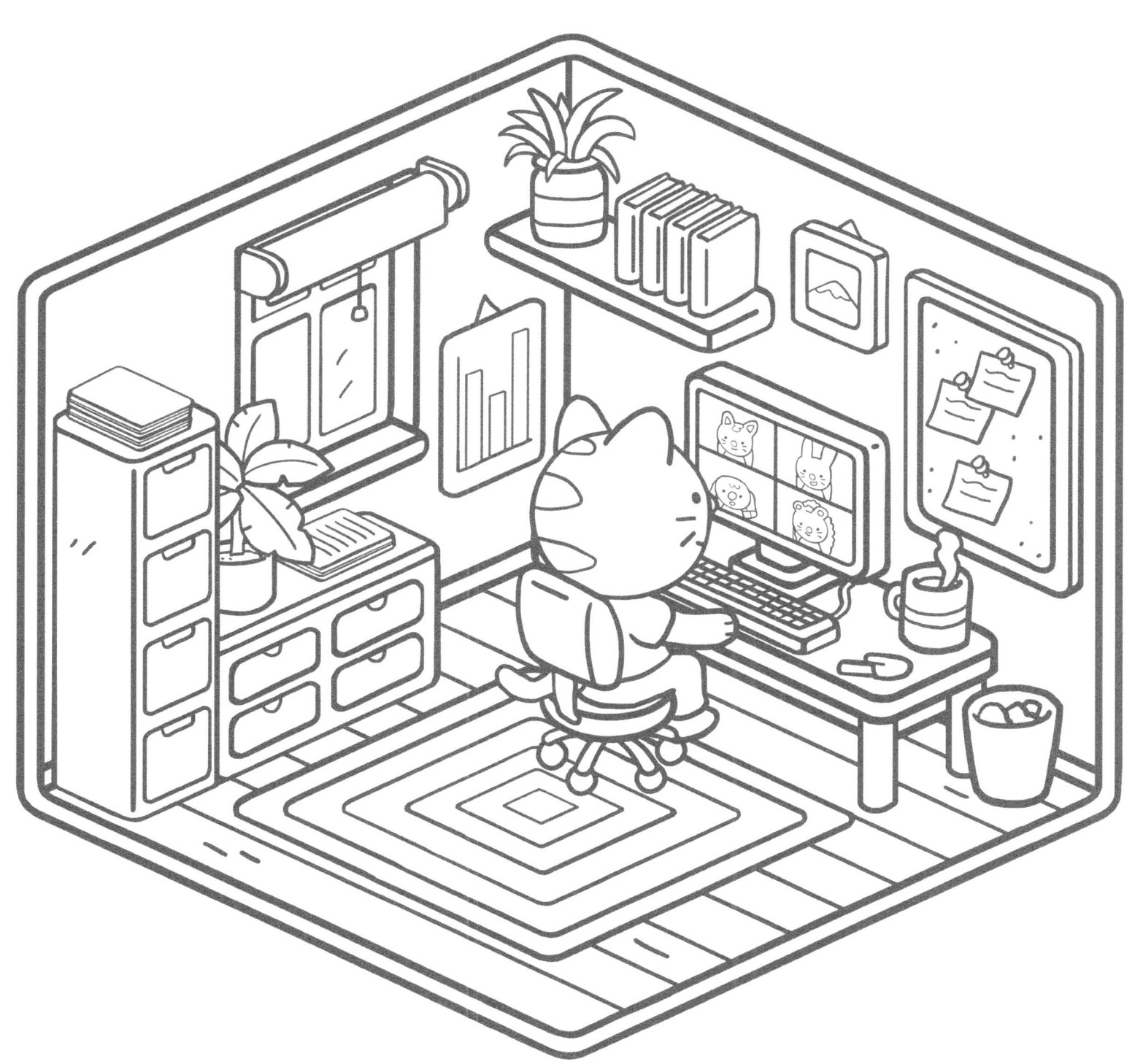

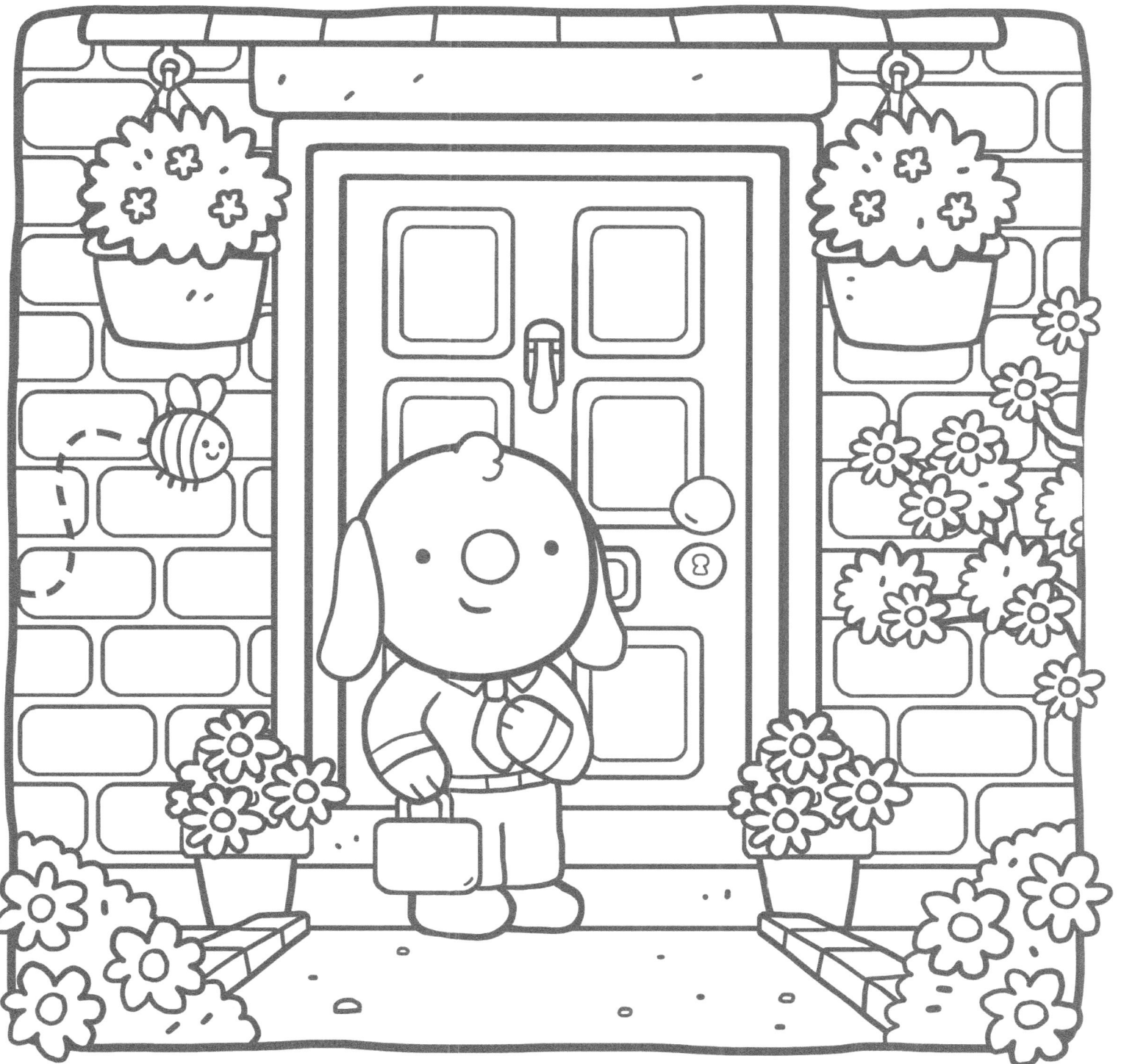

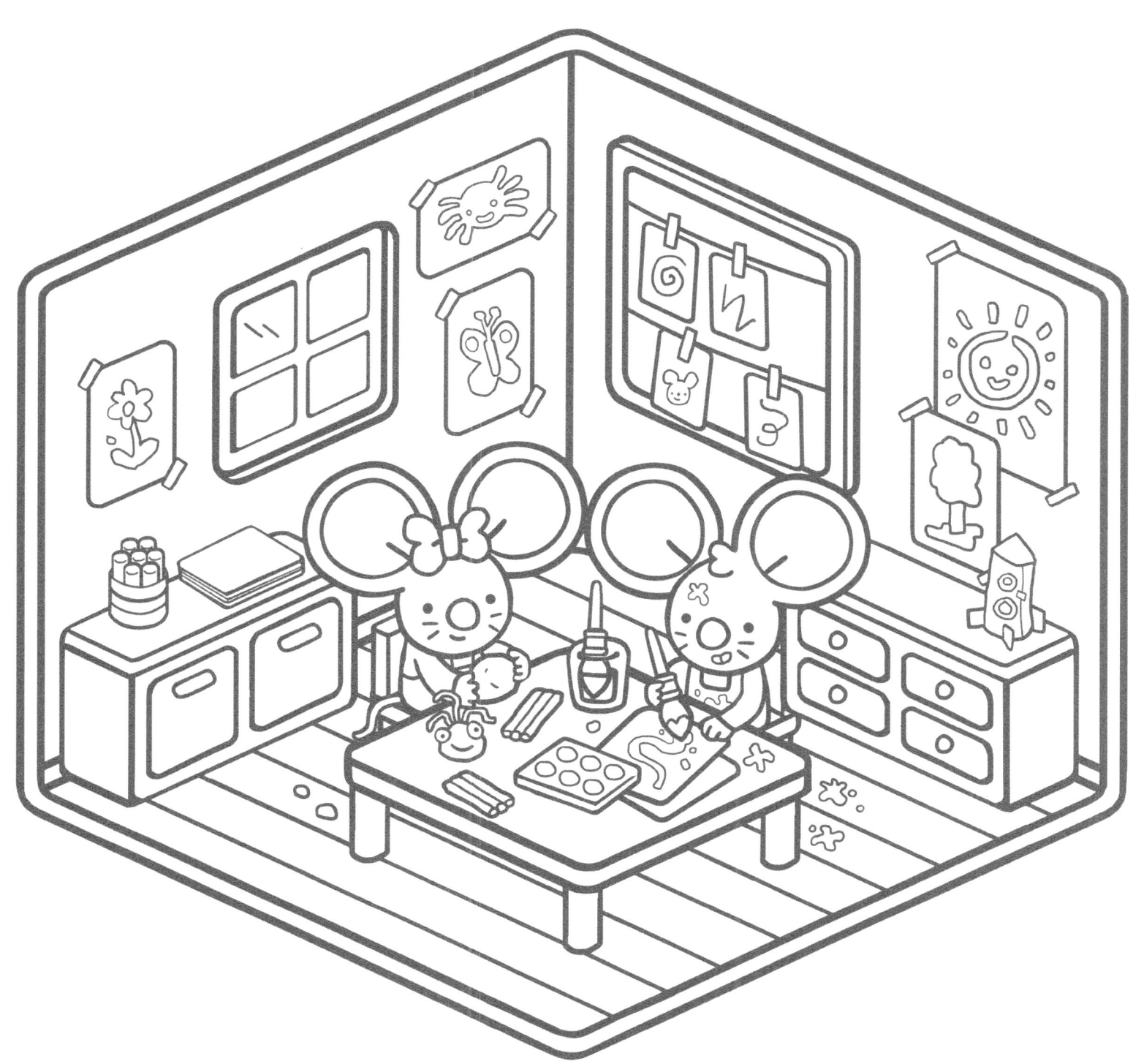

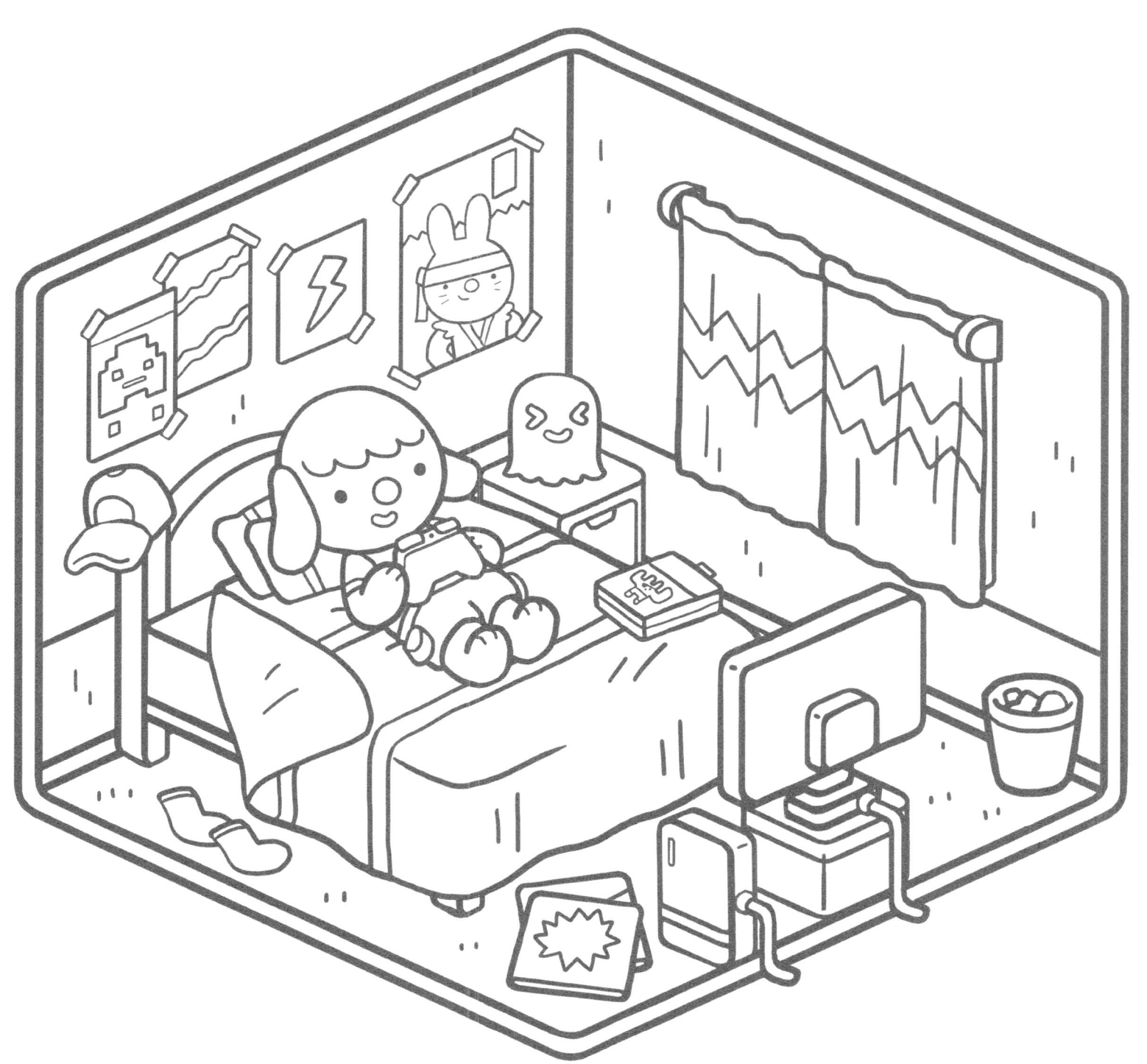

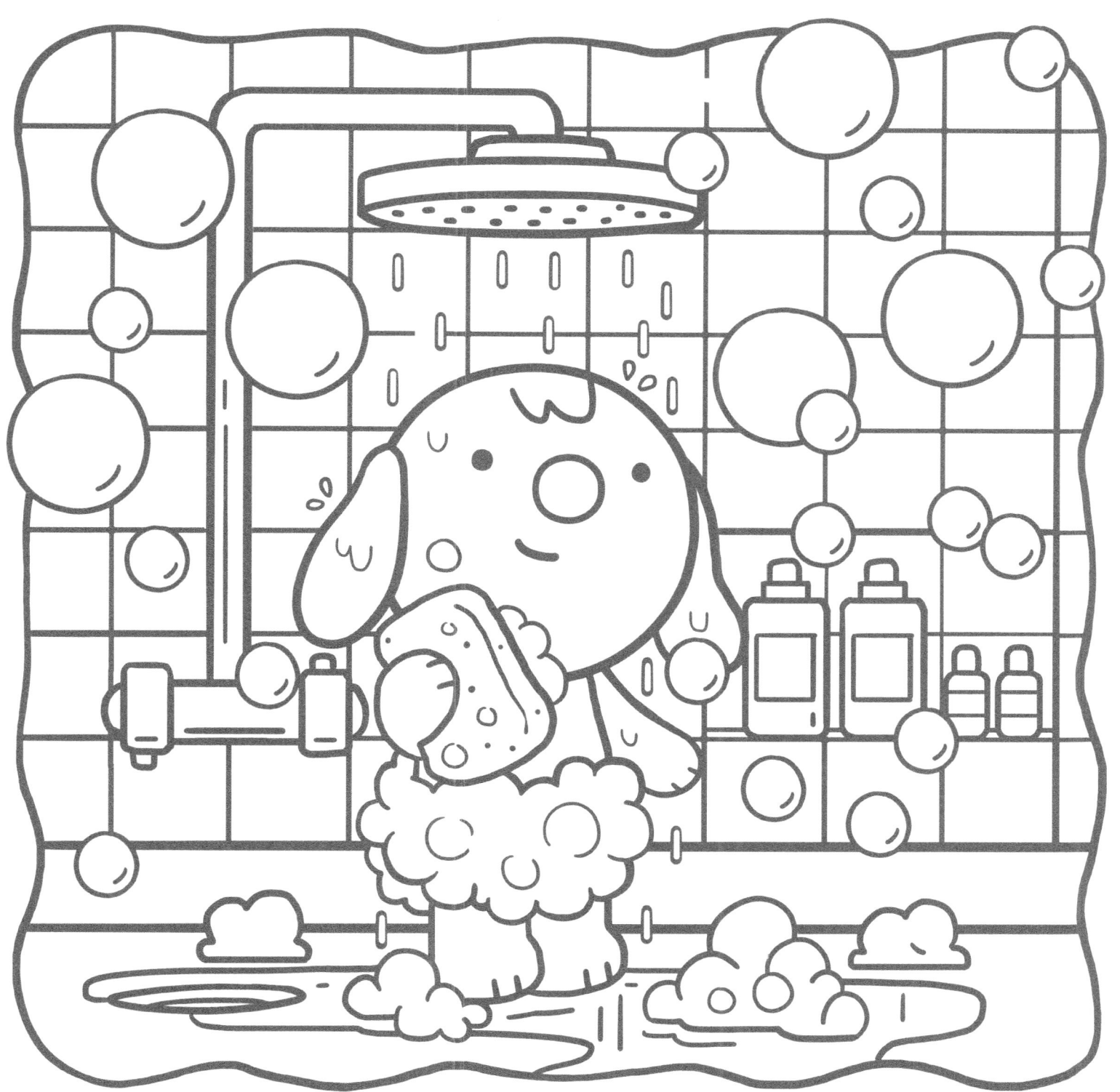

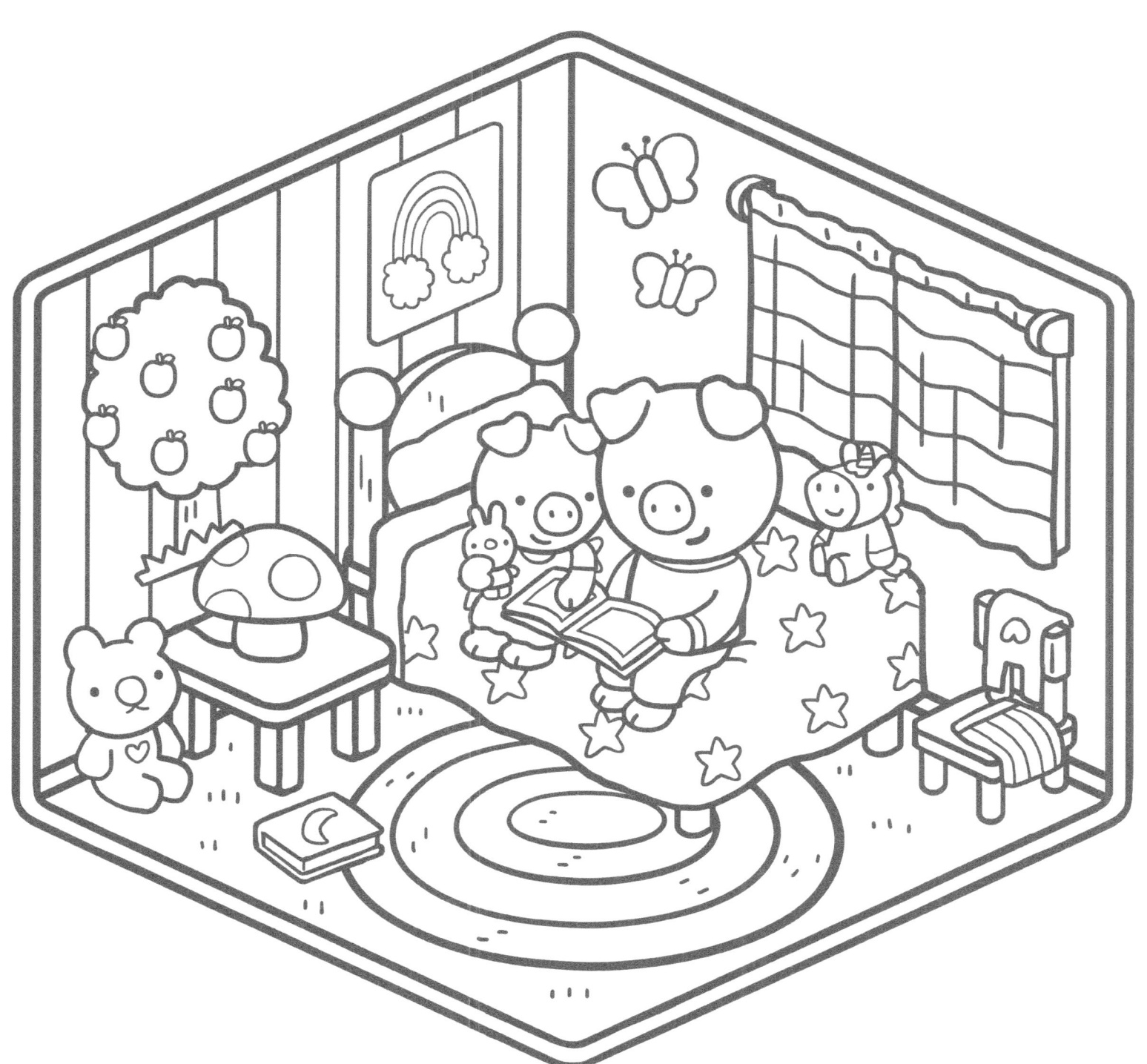

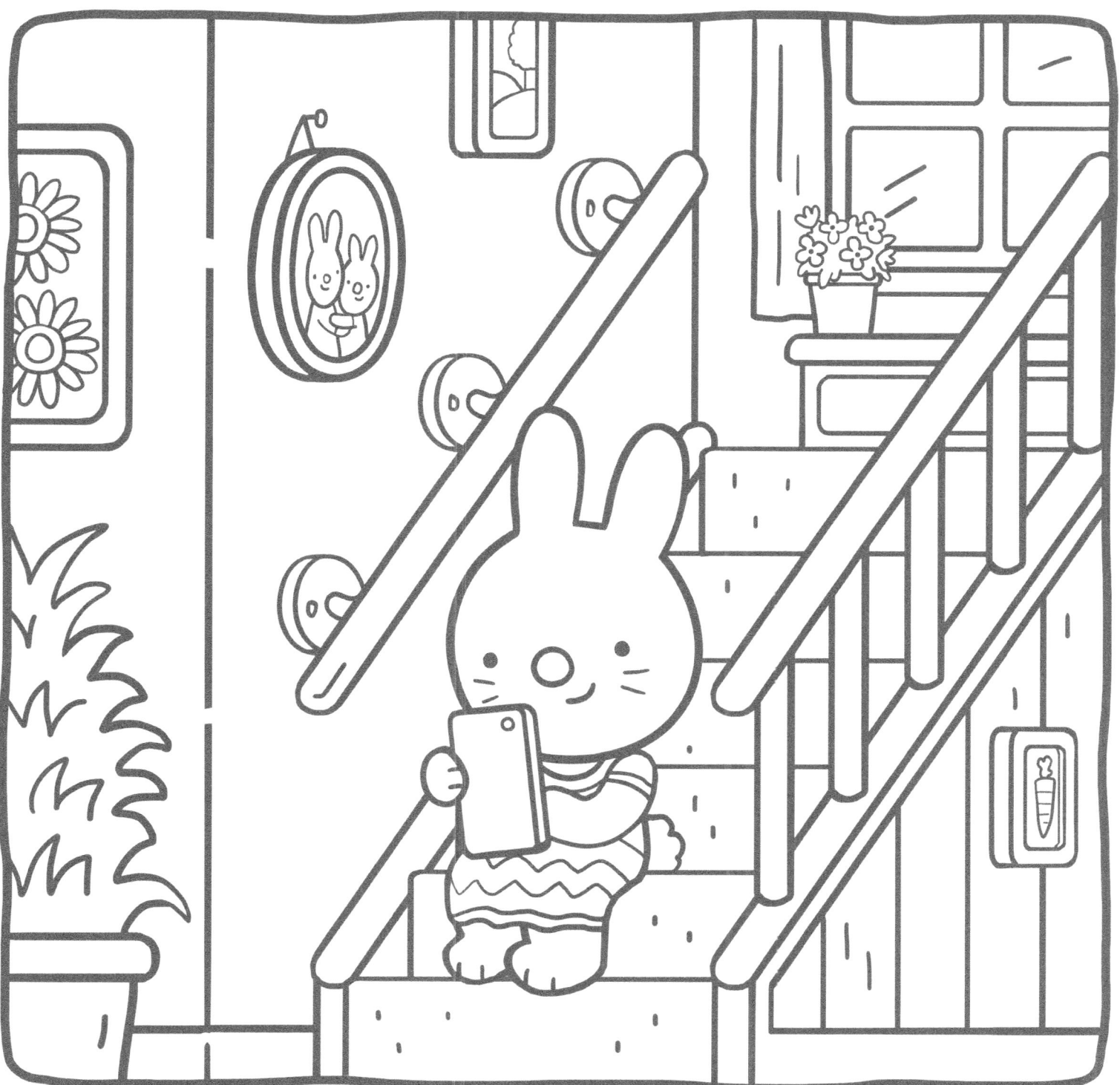

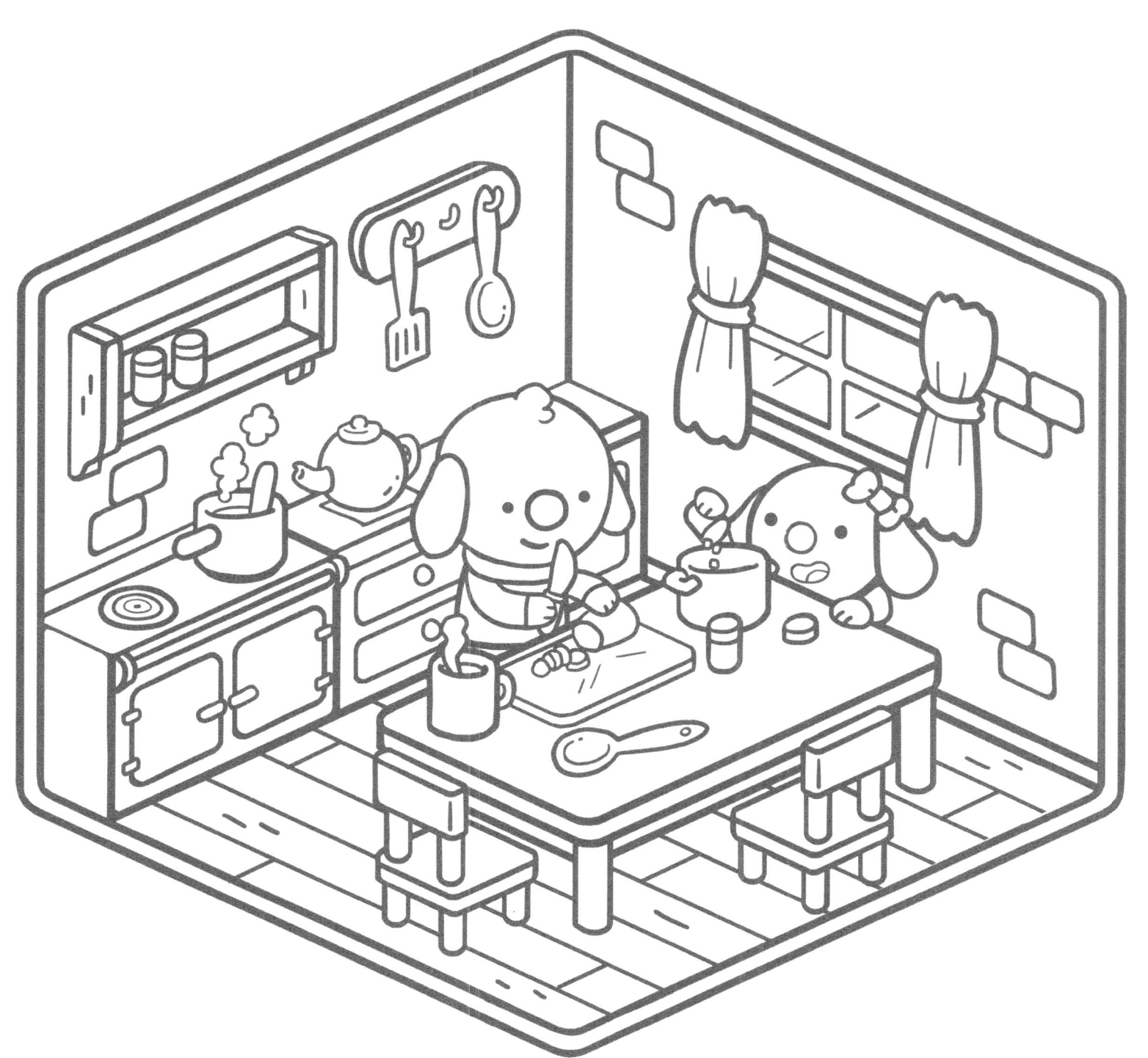

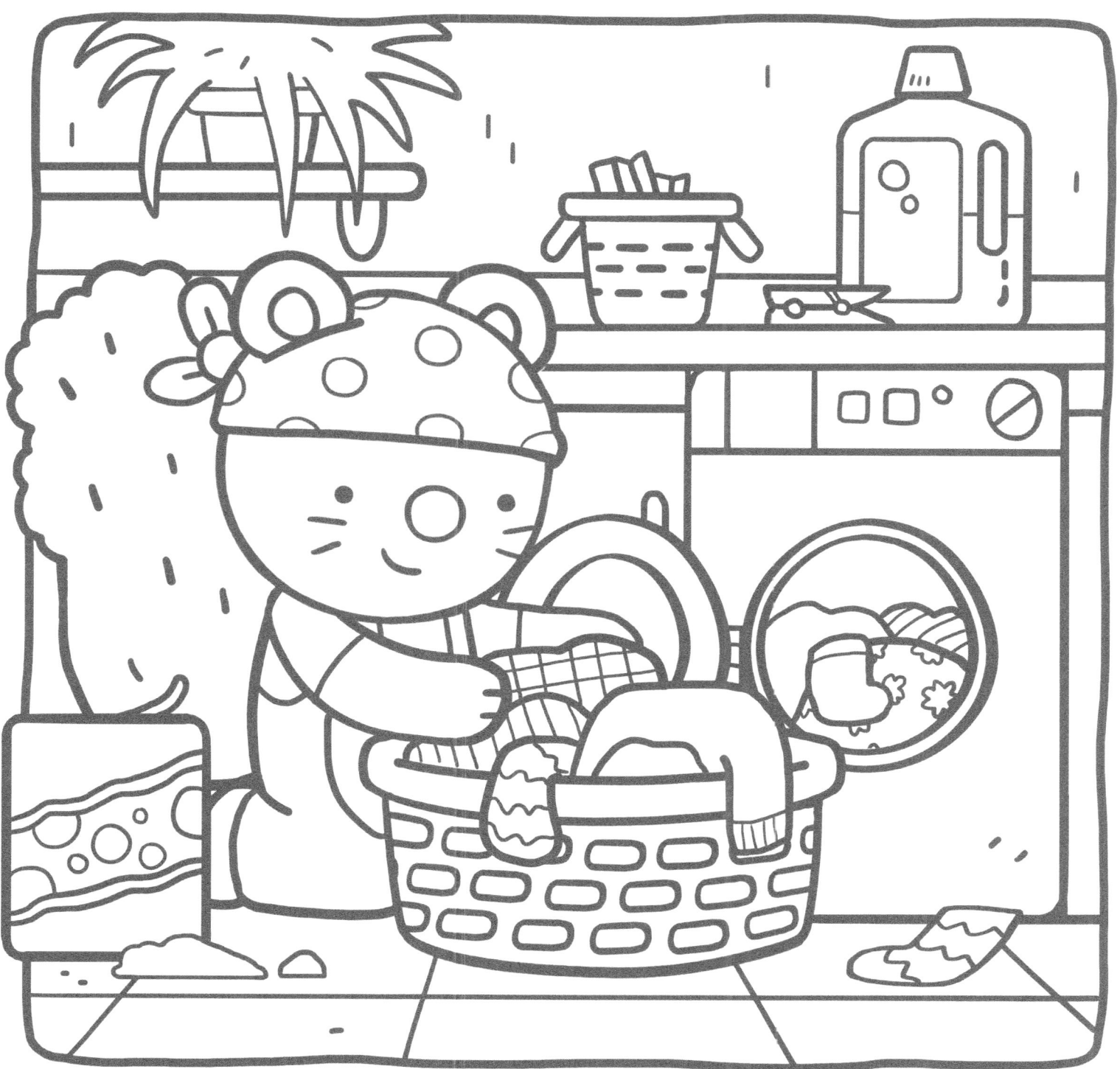

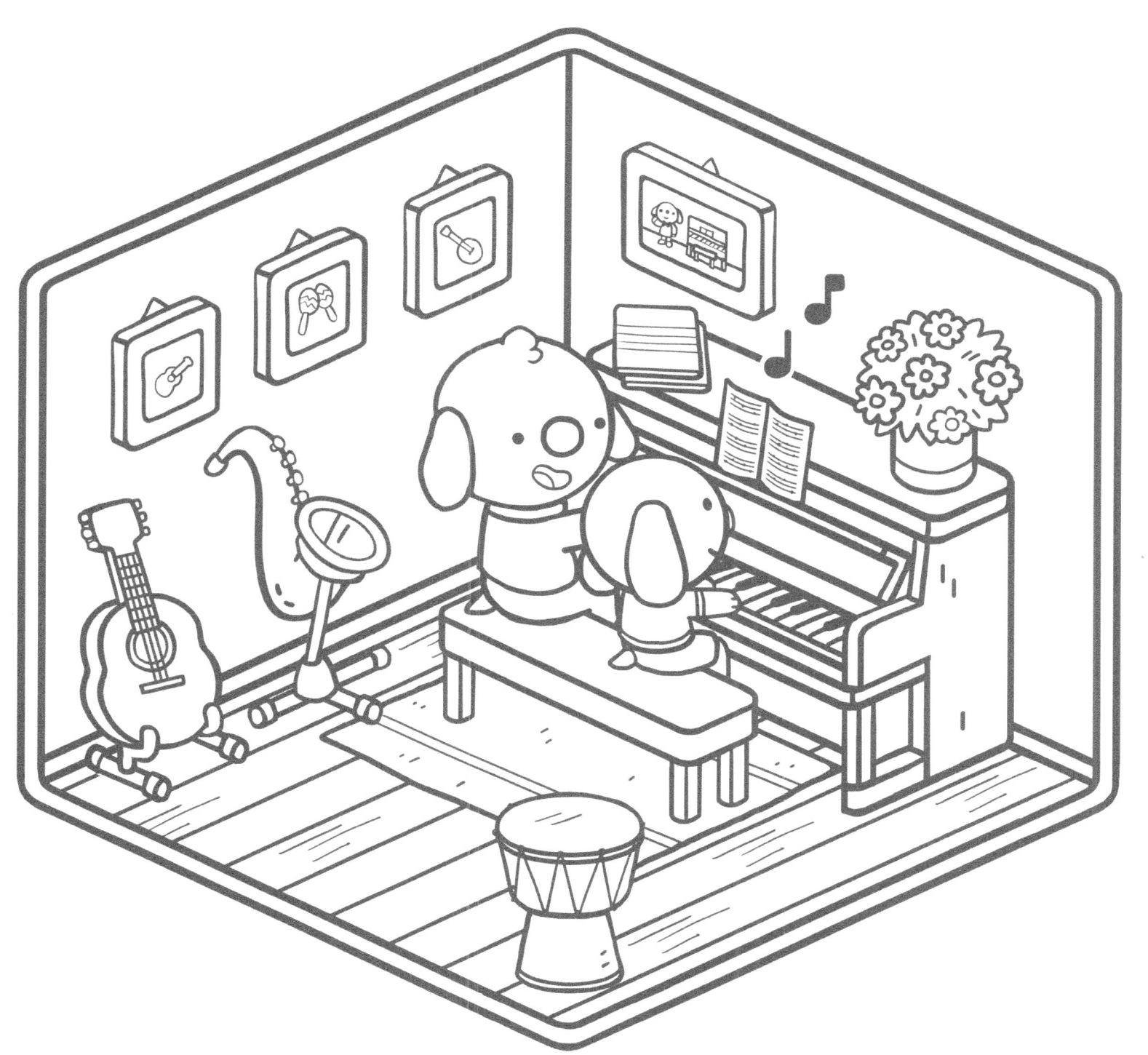

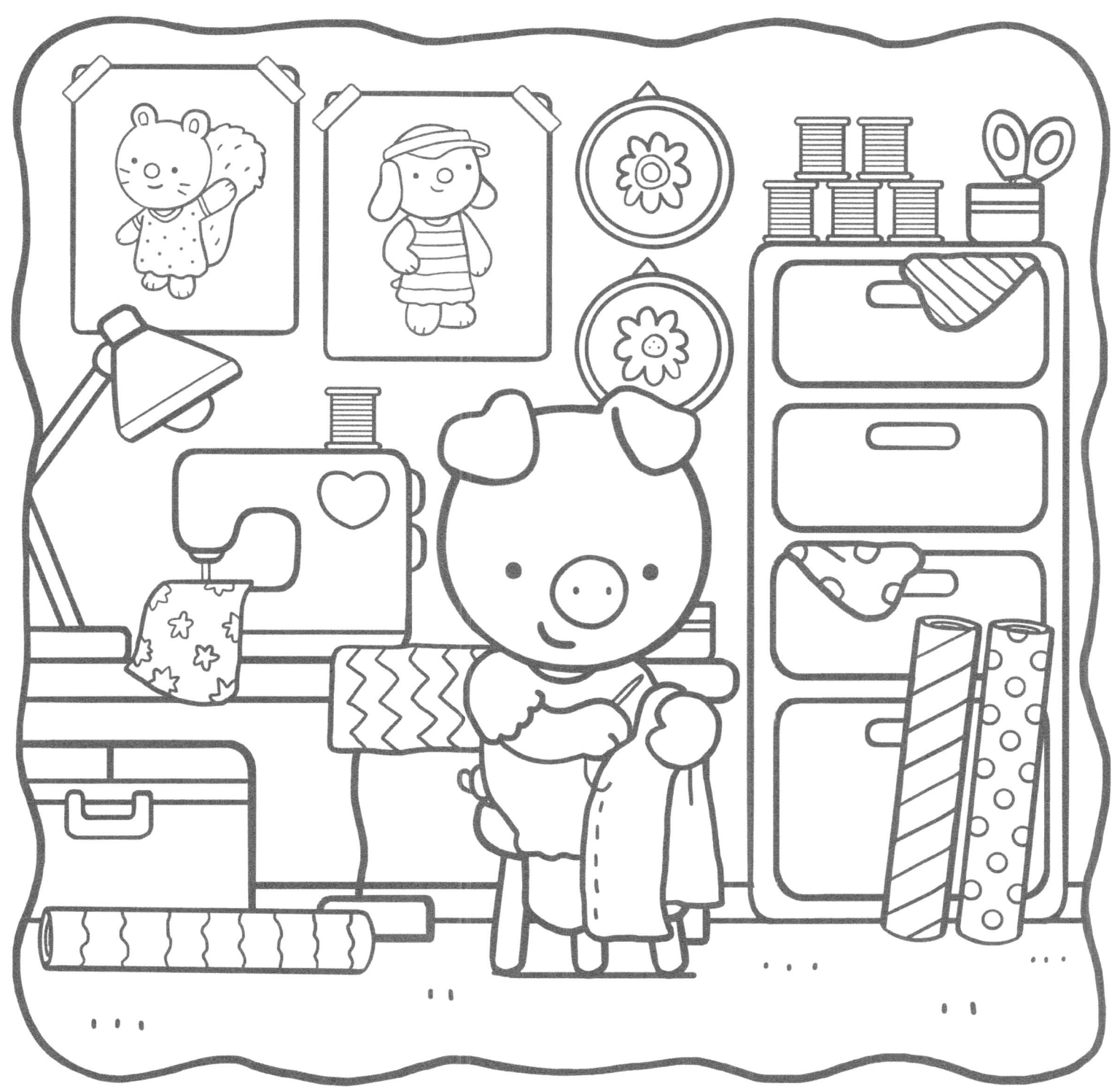

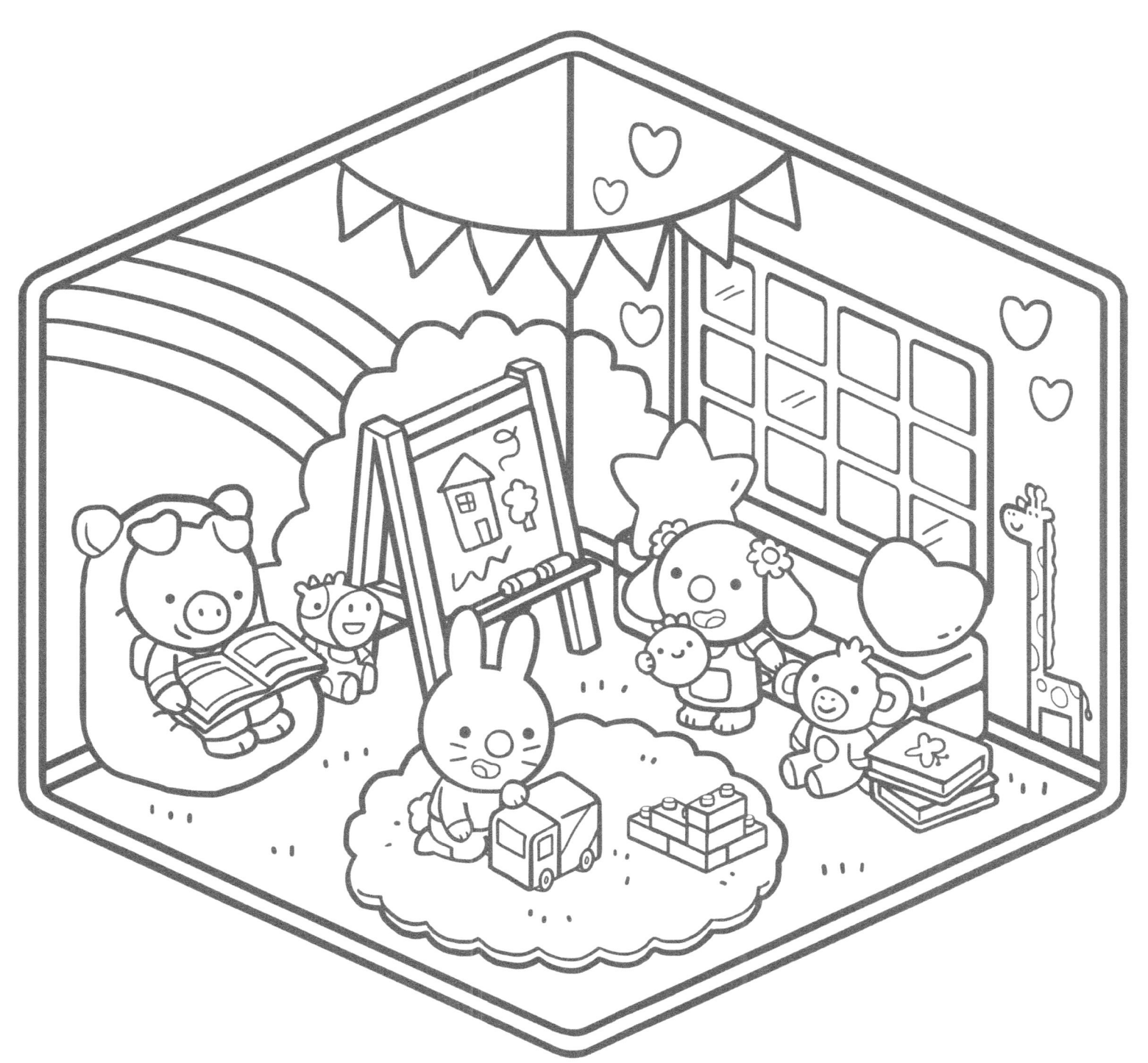

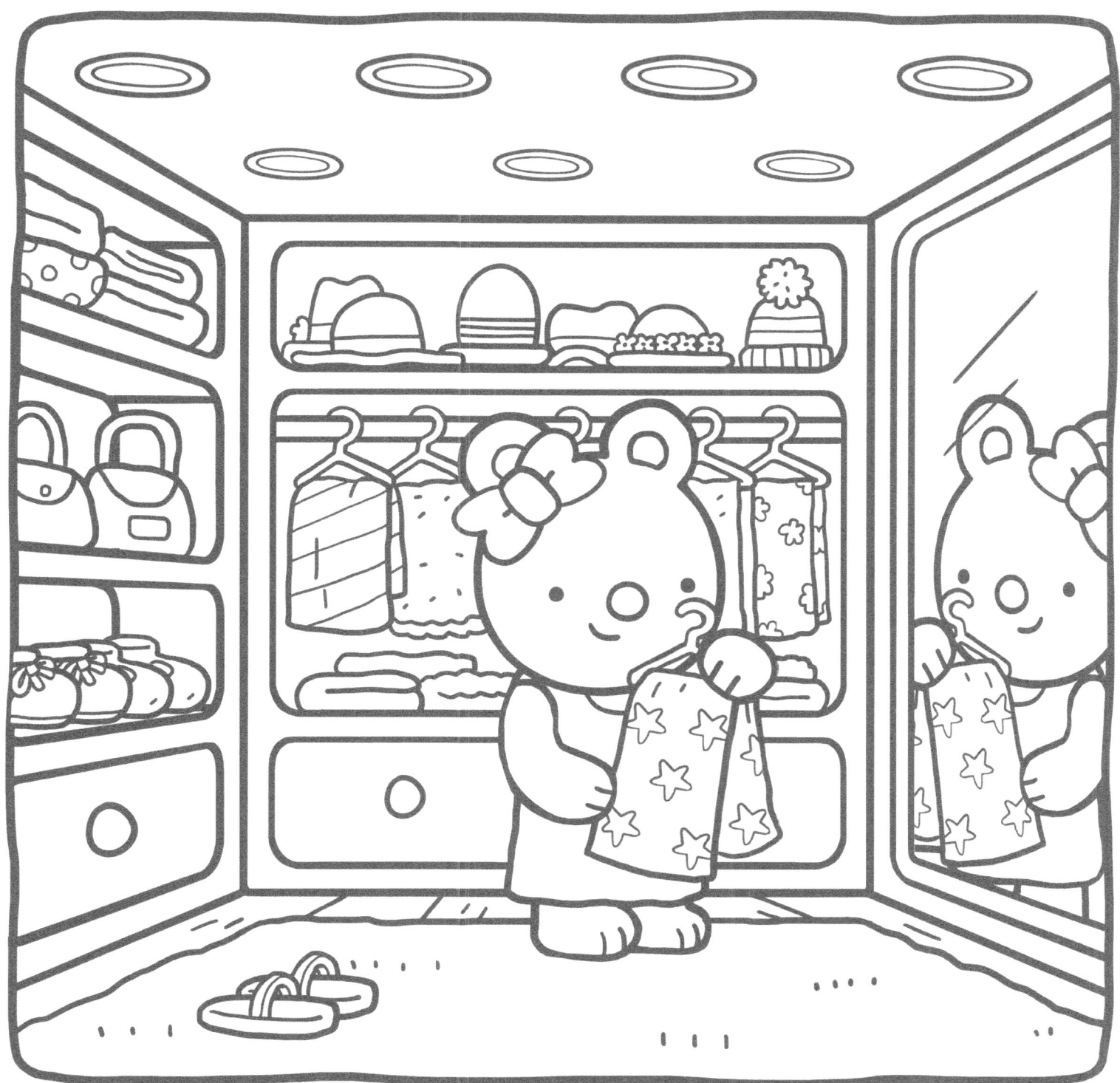

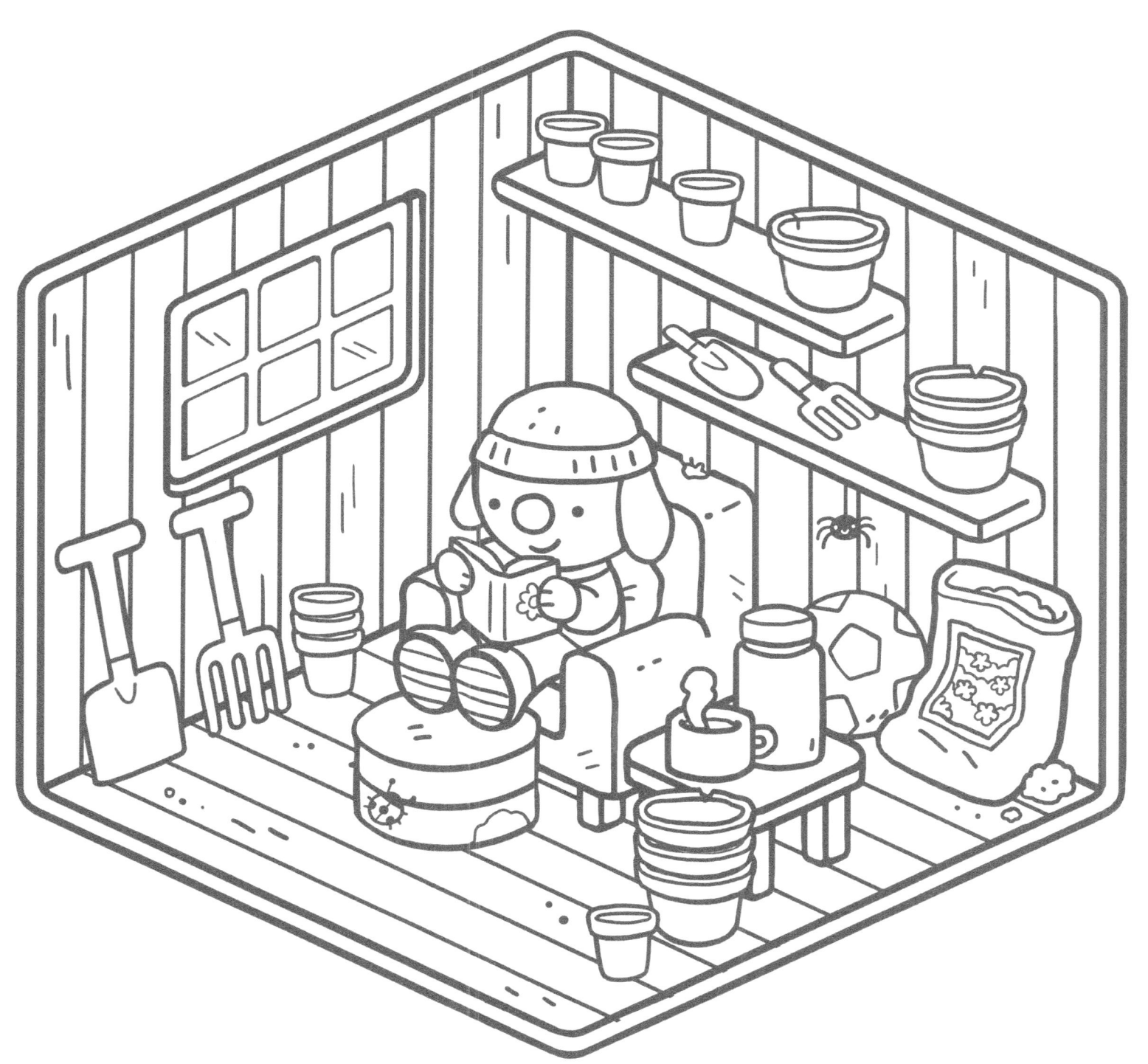